勉強ぎらいな子に奇跡をおこす方法

子どもの将来を決めるのは親の「気づき」

学びの森代表
髙田康太郎

現代書林

はじめに

私はこれまで学習塾と学内塾（学校の中に入って補習など学習支援をする塾）の運営をしてきた中で、多くの生徒と、その保護者の方々に出会ってきました。

学習塾では１５００人ほどの生徒、学内塾だと現在７校と連携しており、生徒数は３０００～５０００人くらいでしょうか。

いずれも、保護者会や三者面談を頻繁に開くのが私のスタイル。

そこで、多くの保護者の悩みを聞いてきました。

子どもの勉強への姿勢や成績、家での習慣や反抗期……。

こうした悩みに対して、私がお伝えしているのは、**「解決したければ、大人である私たち**

はもちろん、保護者の方々がまず変わりましょう」ということです。

子どもに変わってもらいたいと思うなら、**大人である私たち、そして親が先に変わることが、もっとも重要だと考えています。**

そのことをいくつもの経験から実感しているので、私の塾では保護者との面談をとても重視しています。

対話を重ねながら、保護者が言うような子どもの悩ましい状態がなぜつくられてしまったのかを探り、解決策を考えていきます。

親のマインド次第で、子どもはいくらでも変化し、成長していくのです。

それはなぜでしょうか？

本書でお伝えしていきましょう。

2021年6月

髙田康太郎

勉強ぎらいな子に奇跡をおこす方法　もくじ

第2章

教育は何のためにある？

第3章 子どもとの距離を考え直そう

第4章
親がやるべき環境設定

第5章

「本物との出会い」が子どもを育てる

第6章 大人が変われば、子どもも変わる！

第1章

子どもを
変えたければ、
親のマインドを
変えよう！

みなさんは、子どもの教育について「このままでいいのか？」「もっと何かやってあげられることがあるのでは？」と思って本書を手に取ってくださっていると思います。子どもの未来がもっともっと輝かしいものになるために……。

ただ、このように一生懸命子どものことを考えていらっしゃる親の多くは、往々にして「子どもに何をやらせるか」のほうに目が向いてしまっています。タスクを与えることで、子どもをよりよく変えていこうという方向に行ってしまっているのです。

ですが、実はそれでは今の悩ましい現状を変えることもできなければ、子どもを豊かに伸ばしていくこともできません。ポイントは、矢印がどこを向いているかということです。

大切なのは、親は基本的には矢印を自分自身に向けておくこと。そのうえで、子どもに必要なことは何かを考えていくことが、子どもを伸ばすことにつながっていくのです。

どういうことか、本章でお伝えしていきましょう。

01 昔からずっと、親の悩みは繰り返される

子どもの教育について、親は多かれ少なかれ、さまざまな悩みや不安を抱えているものです。

私が運営する学習塾や、学内塾で出会ってきた親からも、よくこんな声を聞きます。

「子どもが家でほとんど勉強しないんです。机に向かっているところをほとんど見ることがなく、困っています」

「放っておくとすぐゲームやＹｏｕＴｕｂｅに夢中になってしまうんです」

「子どもにはたくさん本を読んでほしいのですが、まったく読みません」

「夢や目標を持ってほしいのですが、何も目標ができずぼんやりと毎日を過ごしてしまっ

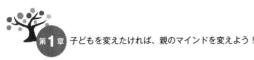

ています」

「反抗期になって、親の話をまったく聞いてくれなくなりました」

みなさんも「そうそう」と共感できることがひとつやふたつはあるのではないでしょうか。

こうした悩みは、毎年のように相談されるものです。

もっと言えば、もう何十年も昔から、親が持つ定番の悩みだと言えます。

当然、私自身の両親も同じように悩んでいました。

中には「スマホがなかった昔とは違って、今の子たちは特に問題が多い」と感じる人もいるかもしれません。

でも、30年前にも子どもたちはファミコンやゲームボーイに熱中していましたし、「テレビばかり見ている！」とテレビが教育のさまたげになっているという声も数十年前からありました。

ＬＩＮＥなどＳＮＳでのやりとりばかりしているという相談もありますが、昔は「長電話ばかりして！」と叱られた時代があったはずです。

熱中や依存する対象が変わっただけで、今も昔も、実は子どもに対する親の心配や悩みはあまり変わりません。

それでも、どうしても親は「うちの子だけ、こんな状態なのはまずいのではないか」と考えてしまいがちなのです。

こういう悩みをお持ちの人にあらためて振り返ってほしいことは、「自分たちはどうだったのか」ということです。

先ほどあげたような悩みは、自分たちが子どもの時代には、みんなが当たり前にできていたことなのでしょうか。

今の親世代が子どものころは、みんな家に帰ると机にかじりついて夢中で勉強していたのでしょうか。

みんなが読書好きで、毎日のように本を読みあさっていたのでしょうか。

子どもはみんな大きな夢や目標を持って、それに向かって努力していたのでしょうか。

おそらく多くの人がそうではなく、今の子どもたちと同じように「勉強しろ」「本を読め」「夢を持て」と言われてきたはずです。

ほとんどの親はこのように、学校や家で、「やりなさい」と言われてきたことが頭の中にあるために、それを自分の子どもにも当てはめて、できていないことを問題視してしまうのだと思います。

知らず知らずのうちに、「子どもはこうすべき」と言われてきたことに順応してしまい、子どもはこうあるべきと型にはめてしまっているのです。

みなさんの悩みは特別なものではありません。

「うちの子だけできていない」わけではないのです。

自分たちの子ども時代やそれ以前から、ずっと繰り返されてきた親の苦悩を、みなさんも同じように感じているだけです。

「だからと言って、このままにしておくわけにはいきません！」

そんな声が聞こえてきそうですが、もちろん、改善する方法はあります。

それをお伝えする前に、まずは「自分の子どもだけが特別にできないわけではない」と肩の力を抜いて、どうして子どもがそうなってしまうのかを考えていきましょう。

02 子どもを悲観的に見ると、負のスパイラルから抜け出せない

私は現在、一般的な学習塾と、学校の中で指導する学内塾を運営していますが、いずれも保護者面談、三者面談を頻繁に行っています。

保護者会はいずれも毎月実施。学内塾では保護者参観も行っています。

これは、保護者のみなさんとのコミュニケーションも、子どもの力を伸ばすために大切なことだと考えているからです。

また、子どもが家庭の外でがんばっていることを、成績という数字だけで見てほしくないからという思いもあります。

子どもたちがどのように変化、成長しているのかは、家庭の外での行動を見てみるとよ

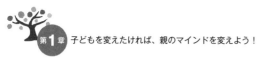

くわかります。家の中ではのんびりしているように見えても、外では自発的に行動しているということはよくあります。

私が保護者会で必ず伝えているのが、

「自分の子どもだけができていないと悲愴感を漂わせるよりも、まずはなぜ子どもがそうなるのかといった背景や、子どものいいところを見てほしい」

ということです。

「パパ、ママ」

初めて自分の子どもにこう呼ばれたときの、何とも言えないあの感動を覚えているでしょうか？　そして初めて歩いたあの日の感動を。

それがいつのまにか、悪いところ、できないところばかり目について、他のできる子と比べてしまい、よろこび、ほめることを忘れていっていませんか。

中には、子どもがADHDなどの発達障害と診断されて、

「うちの子は、他の子ができるこんなこともできていない」

と涙ながらに訴えてくる親もいます。

でも、そんなふうに親から思われる子どもは、幸せでしょうか。

目の前にいる子どもが、他の子と比べて今の時点でどうかということだけに目を向けてしまうと、どうしても子どもを否定的にしか見られなくなってしまいます。

そうして**子どもにガッカリする親の姿を見れば、子どもは親のその感情に敏感に反応します。**

小さなころは、覚えたての歌を歌ってほめられたり、字が書けるようになってほめられたりしたのに、もういくら新しいことができるようになってもほめてはもらえません。

さらに、「スマホを買ってあげる」と許してくれたのは親なのに、そのスマホを使っていると叱られる。前とは違う親の態度に、**子どもはどんどん敏感に反応していき、反抗期を迎えていくのです。**

当然、親も好き放題にスマホを使ってもいいという意味で許可したのではありません。

しっかりルールさえ守ってくれれば何も言わないでしょう。

メリハリがつかない状態に、叱咤しているだけですよね。

しかし、子どもの言い分は違います。

親がいいと言ったからやったのに叱られたり、親自身ができていないことを自分に押しつけられたりすることに矛盾を感じるようになり、不満をおぼえ、いらだつようになっていきます。

それまでは親が絶対だったのが、少しずつ視野が広がる中で「親の考えにも間違っているところがある」と思うようになっていくのです。

私も自分の子ども時代を振り返ってみると、親が本を読んでいないのに読めと言われたり、食事のマナーが完璧にできていないのに自分には厳しく注意したりすることに、「矛盾してるじゃん!」と腹を立てていたものでした。

親の態度に**敏感に反応し**、腹を立てたりしたときに、その気持ちを発散させるために、子どもはゲームやＹｏｕＴｕｂｅや友だちとのＳＮＳでの会話などに夢中になります。

もっと広い外の世界をまだ知らないので、発散する方法はそうした手近なことしかありません。

それを叱られれば、ますます腹を立ててしまうのは、しかたのないことです。

これを**負のスパイラル**と言います。

そこから脱却するには、元の部分を見直さなくてはなりません。

元の部分とは、「自分の子どもを他の子と比較して劣っているところばかりを見て、ガッカリする」「ちょっとした子どもの成長をよろこべなくなっている」といった親の態度です。

他人と比べて、子どものマイナス面ばかり見てしまい、子どもの前で泣いたり、責任を押しつけ合って夫婦ゲンカをしたり。

「私はこんなにしてあげているのに」「こんなに一生懸命あなたのことを考えているのに」と、自分のがんばりばかりを主張したり……。

これでは、子どもは「がんばったってムダ」「もうがんばりたくない」と思ってしまいますよね。

親が自分の子どもを見て悲観的になっていては、子どもはずっとそのまま変わりません。

それに、他の子どもと比較をしていたら、常に上には上がいるものですからキリがありません。

そうではなく、子どもの今のひとつひとつの成長に、目を向けたほうが、ずっと親の心もラクになるはずです。

03 親の悩む姿に、子どもはストレスをためる

子どもは、悩んでいる親の姿を見て「自分のことで悩んでいるんだな」と敏感に察知します。

そうは見えなくても、親の態度や言葉の端々から、自分が悩みのタネであることはよくわかっています。

そんなときに持つ感情は、2つです。

ひとつは、**意外に思われるかもしれませんが、「本当にごめん」という素直な気持ち**です。

親に大切に思われたい、ほめられる子でいたいという気持ちを子どもは持っていますから、そうなれない自分にふがいなさを感じる子も多くいます。でも、「ごめんね」と言葉に

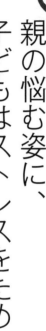

してしまうと、重く受け取られたり、「口だけでしょ」と思われたりしないかなと考えて、たいていの子は口にしません。

そしてもうひとつが、**怒り**です。

親を悩ませない自分になりたいのに、解決策がわからずにイライラしてしまう。親が「こうしなさい」と言うことをやらなくてはならないとわかっているのに、できないことにいらだってしまうのです。

怒りの感情は、反抗期になるほど表面に出てくるようになります。

わかっているけれどできないもどかしさで、子どももどうしたらいいのかわからないのです。そのもどかしさから、反抗的な態度やそっけない態度になってしまうのです。

それでも、**本当は心の中で「ごめんね」という気持ちを持っています。**

そのことに、**親はなかなか気づくことができません。**

子どもの怒りの感情が目につくので、「どうしたものか」と頭を抱えてしまう親が多いのです。

私の塾では合宿を行うときに、保護者に手紙を書いてもらうようにしています。

そうすると、親からは「この子は反抗的で……」と言われている子が、「実はあのときこう思っていた」とか、「いつもごはんを作ってくれてありがとう」「ケンカした後も、普通に接してくれてありがとう」といった素直な気持ちを書いてくれることが多いのです。面と向かっては言えないし、思春期で反抗的な態度をとってしまうことはあっても、子どもは本当は親を大切な存在だと思っています。

これを忘れてはいけません。

保護者面談のときに、「息子さん、本心ではごめんねと思っていますよ」と伝えると、涙ぐむ親、「抱きしめてあげたい」と言う親は多くいます。

しかし数日後にまた保護者面談をすると、**「とは言っても、やっぱり今の状況はまずいですよね」**と堂々巡りになってしまう……。

まずは、**子どもの根本にある、親を慕う素直な気持ち、自分のダメなところと向き合いたいけれどうまくいかないという気持ちを親が理解しなければ、なかなか事態は変わっていきません。**

子どもは、自分が慕う気持ちを親に理解してもらっているという安心感があれば、つまずいたとき、失敗したときに正直に気持ちを打ち明けることができます。たとえば、「やらなきゃいけないと思ってたんだけど、部活で疲れて集中できなかった」

「今のテスト範囲のちょっと前でわからなくなっちゃってて、やる気がわかなかった」など、子どもが本心を語ってくれれば、対策も一緒に考えることができます。

しかし、「言っても叱られるだけ」と思ってしまえば、解決は遠のくどころか、事態は悪化するばかりです。**そして子どもは本音を言わなくなっていきます。**

以前私の塾でも、中学受験を控えた子が、模擬試験で偏差値30という結果が出てしまったことで「親に叱られる、どうしよう」と泣いていたことがありました。でも、そのような結果が出ることは、模擬試験を受ける前から本人もわかっていました。もし成績を上げたいなら、もっと努力が必要だということもわかっています。

このような子に、「なんでこんな偏差値になったの！」と叱っても、まったく意味はありません。子どものストレスはたまる一方です。

このときには、私が親との間に入って三者で話をし、親に「叱らない」ことを約束してもらったうえで、本人から「なぜこうなったか」を説明してもらいました。

親が必要以上に悩まず、冷静に子どもの話を聞くことができれば、子どもは自分自身の課題のみと向き合うことができます。

「親にどう思われるか」「どうしたら叱られないか」と親のことを考えずに、自分の成長のみに目を向けることができます。

実は、これができずに大人になってしまう人も社会にはたくさんいます。

仕事でミスをしてしまったときに、早く言えばいいのに「上司に叱られるのでは」と気にして隠してしまう。それがのちのち、大きな問題に発展してしまう。

こんな大人にしたくはないですよね。

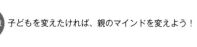

04 「自分は親失格」と思わなくてもいい！

自分の子と他の子を比較しないように、と言われても、今の時代はインターネットにも情報があふれているために、**「世間一般にはどうか」「他の子はどうか」**ということが目についてしまうかもしれません。

また、ＳＮＳでは親のちょっとした行動が「親失格」としてたたかれるなど、常に親が見ず知らずの他人たちから評価されているような気にもなってしまいます。ＳＮＳをやっていない人でも、**自分は親として合格だと夫や子どもから思われているのだろうか**と気にしてしまう人も多くいます。

そして、そういう世間や身近な人からどう評価されているかを気にして、悲観的になり、

「自分はダメなのではないか」と深く落ち込み、涙を流してしまう親もいます。

でも、**その横で、子どもは泣いているでしょうか。**

親が失格だから自分はこうなってしまった、と嘆いて苦しんでいる子どもはいるでしょうか。

子どもが「自分はダメなのではないか」と悩んだり苦しんだりしていないのに、親が泣く必要はあるのでしょうか。

たとえば不登校の子の親には、「自分の育て方が悪かったから」と自分を責める人もいます。でも、子どもにとってはそのような態度を見せられると、「親より俺のほうが不安なんだけど!」という気持ちになってしまいます。

親を苦しめているとわかっていながら、学校に行けない自分はなんてダメなんだ……と、さらに自己否定の気持ちが強くなってしまうこともあります。

また、今の時代は、子育ては親だけの責任として捉えられるようになっているため、共働きの親には特に重い負担がのしかかっています。専業主婦でも、「ずっと家にいるのだからこれくらいできるでしょう」と高い要求をされたり、ときには働く母親たちの妬みの対象になったりもします。

そういうストレスがある中で、みなさん本当に努力も苦労もされています。だからこそ、子どもが理想どおりにならないときに、

「こんなにしてあげたのに！」

という気持ちになってしまうことがあります。

ただ、子どもにとってみればそんな親の苦労を理解できるほどの経験をまだ積んでいないわけですから、「してあげた」と言われてしまうと、

「親なんだから当たり前なのに！　だったら、生まなければよかったじゃん」

と腹を立てるのは当然です。

それでも、**親は子どもがどんなに反抗的な態度をとろうが、「クソババア」と言われようが、子どもに食事をとらせ、安心して暮らせるように行動します。**これは本当にすごいことです。

ですから、**「自分は親失格なのではないか」と落ち込む必要はありません。**

今、目の前の子どものマイナスな部分に目を向けて落ち込むよりも、これから先、子どもが成長するために必要なことに目を向けて、考え方を変え、行動していけばいいのです。

05 学校の先生批判は、子どもの成長のチャンスを奪う

また、**学校の役割についてもあらためて考えてみましょう。**

親自身が学校に対して何を求めているのかを考え直してみることで、子どもが力を伸ばす環境設定を調整することができるかもしれません。

学校は、ただ授業で知識を与えてテストをしながら学力を上げる場所ではなく、**他の多くの子どもや先生たちと過ごす中で、人としての成長をうながす場所**でもあります。

これはほとんどの親がわかっていることだと思います。

とは言っても、**つい、口出しをしてしまったり、学校をコントロールしようとしてしまったり、むやみに先生を批判してしまったり**する人もいます。

すべてが子どもや親の意にそうように物事が進む世界では、子どもは成長することがで

きません。他人とぶつかったり、嫌なことに耐えたり乗り越えたりする中で、人は成長していきます。

苦しいときに励ましてくれる友だちがいたり、勇気づけてくれる先生がいたりすることが、子どもの成長の糧になります。

そこに、**親が口出しをすることで物事を解決しようとしてしまうと、子どもは成長するチャンスを奪われます。**もちろん度合いにもよりますが、何でも親がコントロールしようとしてしまうと、あまりいい結果は生みません。

行きすぎたケースでは、子ども同士で何かトラブルがあればすぐに弁護士をつけて大人の力で解決しようとする親もいます。

こういうことが、学校をことなかれ主義に向かわせていっているのが現実です。

ことなかれ主義になれば、先生たちが子どものためを思ってダメなことをダメと叱れなくなったり、ちょっとしたケンカでも警察を介入させて解決させたりと、子どもたちの自己解決能力を養う機会をどんどん奪っていくことになります。

また、最近多いのは、**家庭で学校の先生の批判をしてしまう親**です。子どもの話や保護者同士の話から得た情報をもとに、

「あの先生は教え方がダメだから、次の学年では違う先生になってほしい」

などと**子どもの前で言ってしまう**のです。

そうすると、子どもはその先生の言うことは聞かなくてもいいと見下すことになってしまいます。本当はその先生の授業や普段の言葉から学べることはたくさんあっても、耳を傾けなくなってしまうのです。

子どもは親が思っている以上に、親の考えや価値観から強い影響を受けています。

特に親が学校の批判をすれば、子どもも同じ考えになります。

親が誰かを批判する言葉というのは、子どもにとってはとても強く印象に残ります。「誰かを批判する」という行為は、子どもにとって刺激的でカッコ良く見えるものなのです。そしてマネをしたくなります。

私も昔、自分の親が「歌手の○○って、実は歌がヘタだよね」と話していたのを聞いて、学校に行って友だちに「○○ってヘタだよね」と得意気に言っていたことがあります。

当時は自分の尺度で判断もせず、親の意見をそのまま自分の意見かのように披露していました。

きっと、同じような経験をした人は多いと思います。

先生への批判もこれと同じです。

親が批判すれば、子どもはその人を見下すようになります。

学校について、子どもと他愛もない話をするだけならいいのですが、上司の悪口で盛り上がるサラリーマンの居酒屋の会話のようになってしまっては、よくありません。

学校の先生も、人間です。昔は「学校の先生の言うことは絶対」というように先生を聖職として見る人が多かったのですが、今は「先生は清廉潔白で完璧な人間でなければならない」と別の意味で先生を聖職として見る人のほうが多くなっています。

でも、人と人とのかかわりの中で学ぶという機能を持つ学校において、先生は必ずしも誰しもの意にそう完璧なふるまいをする人間である必要はないと、私は考えています。

社会で生きていくためには、さまざまな普通の人とかかわり、相手を尊重することを学ぶことが大切だからです。

06 子どもにとって反抗期は必要なもの

中高生の子どもを持つ親に多い悩みとしては、反抗期の子への接し方もあげられます。勉強しろと言っても反抗的な態度をとられるだけで机に向かう様子がない。学校のことを尋ねてもまともに返事をしてくれない。テストなどの成績を見せてくれなくなった。親の言うことに聞く耳を持ってくれない子どもに対して「このままで大丈夫なのだろうか」と不安に感じる親は多いはずです。

ただ、まず知っておいていただきたいのは、反抗期というのは子どもが自分自身の価値観、考え方を形成していき、それを自己主張できるようになってきた時期だということです。反抗というのはひとつの自己主張の手段なのです。

子どもが反抗期になったときには、まずはそれが自然なのだということを意識しておきましょう。そのようにドッシリとかまえている家庭では、子どもの反抗期をきっかけに家庭に大きな問題が生じたり、反抗期がエスカレートしてトラブルになったりということが起きません。親が子どもの一挙手一投足に感情をかき乱されないことが大切です。

とは言っても、親も人間ですから、反抗的な態度や言葉にいらついてしまうこともあるでしょう。でも、そこで子どもの言動を丸ごと否定してしまってはよくありません。

子どもが自分の意志を持って発言をしたり、行動したりすることを頭ごなしに否定してしまうと、反抗期は悪いほうへとこじれていってしまいます。

反抗期の子どもへの接し方のポイントとしては、「イエス・バット方式」を意識するとよいでしょう。子どもの主張をいったん「受け入れる」ということが重要なのです。たとえば、

「みんな遊んでいるのに、どうして自分だけ塾で勉強しなくてはいけないの」

と言われたら、

「確かに遊びたい気持ちはわかる。友だちづきあいも大切だと思う。でも、勉強してこういう成績がとれれば、行きたい高校に行くことができるよね」

といったんは子どもの主張を受け止めた後で、合理的な説明をして、子ども自身に「じゃ

あどうしたらいいか」を考えさせるようにしましょう。

しかし、この例は子ども自身が進学を目指していることが前提です。親の尺度で進学を決めつけて、「高校に行くのは当たり前だから」というニュアンスで伝えるのは違います。

また、いったん主張を受け止めると言っても、顔が明らかに「ノー」と言っているようなぎこちない受け止め方ではうまくいきません。親自身も「子どもにとってこういう主張は当たり前のことだ」と腹に落としておくことが肝心です。

親がこのように子どもとの接し方を変えると、子どもの反抗期は大きなトラブルに発展することなく、時間が経てば自然におさまっていきます。

ついつい子どもに対して長々と説教のようなことを言ってしまう人は、要点をしぼって短く伝えて終わりにする。「あなた、前もこう言っていたじゃない」と過去のことをほじくり返さない。親がそうした工夫をしてくれた子は、怒りを爆発させることなく、反抗期を比較的穏やかに過ごすことができています。

大人から見れば未熟な考えであっても、小さなころは親の言うことを聞くだけだった子どもが、社会を少しずつ知っていき自分自身の考えを持ち、それを主張するということは、成長の過程において大切なことです。一喜一憂せず、ドッシリとかまえておきましょう。

07 他人の子どもの反抗期情報はいらない

子どもが反抗期になったときに、親同士で情報交換をしながら、

「うちの子は特にヒドイのではないか」

「うちの子の反抗期がヒドイのは、自分がダメなせいではないか」

などと不安になってしまう親もいます。


このように、親同士のネットワークで仕入れた情報から、自分の子どもと他人の子どもを比較することは、あまりよいことではありません。

人間は一人ひとり違った個性を持つ以上、子どもが一定の年齢でいっせいに同じ度合いで反抗期になるということはありませんから、比べることに意味はないのです。

よその家庭と比べてしまうくらいなら、そのネットワークからは離れたほうが、自分にとっても子どもにとっても無難です。

たまに、「うちの子は反抗期がないのよ」という親もいますが、それを聞いてうらやましがる必要もありません。

むしろ、反抗期がないということは、**子どもが自己主張をあきらめざるを得ない家庭環境である可能性もあります。**

子どもにとって「反抗」とは、未熟であるがゆえにうまく自己主張ができないもどかしさから起こる行動です。

親の気持ちもわかっているけれど、自分でもどうしたらいいかわからないといういらだちが、反抗という形で現れているのです。

それがないということは、自分の頭でものを考え、自己表現を練習する場がないということになります。

そのまま自分自身の意見を持たず、持っていたとしても主張するすべを知らないと、大人になったときに自分自身で何かを選択することができなかったり、必要な場面で自己主張ができなくなったりすることもあります。

前述したイエス・バット方式ができずに、親が頭から否定してしまうと、反抗が必要以上にエスカレートするか、自己主張をあきらめてしまうか、いずれかの道を子どもはたどります。

反抗がエスカレートするならそれだけ「何とか自己主張したい」と思っている証拠ですからまだマシです。

しかし、あきらめてしまう子どもは注意が必要です。

自己主張をし、それを受け入れられたときには、自分の言動に責任を持って動く。この経験を積むことで、子どもは社会の中で生きていく力を身につけていきます。

ですから、「イエス」の部分はとても大切なのです。

08 親のマインドと行動次第で、子どもは変わる

子どもは、育った家庭環境や親の価値観や行動に大きな影響を受けて育ちます。

ですから、「子どもが勉強しない」「子どもが読書をしない」といった悩みは誰しもが持つものではありますが、その度合いは親の姿勢によって異なります。

普段から親が仕事をよりよく行うために学ぶ姿勢を見せていたり、歴史や文化などに興味があってその話がよく持ち上がっていたりする家庭では、子どもも自然に学ぶ姿勢や、物事を探究する姿勢が身についていきます。

しかし、親が普段から楽しんで読書をせず、本棚にもそれほど本が並んでいないという家庭（あるいは本棚のない家庭）では、子どもに「本を読め」と言っても聞く耳を持たな

いでしょう。

親がポジティブな気持ちで取り組んでいないことを、子どもがやるわけがありません。

子どもの今の状況をつくっているのは、基本的には親です。社会や、学校や塾からも子どもたちは多少の影響を受けますが、それらが子どもの今の状況をつくっているわけではありません。

今の子どもの状況は、親の価値観や、家庭の環境に大きく影響を受けた結果です。

ですから、子どもの状況を変えるのにもっとも効果的な方法は、親が変わることなのです。

ときどき、子どもが不登校になったり、鬱状態になったりすることで、慌てて子どもを病院に連れて行く親がいます。

しかし、私は、子どもを病院に連れて行く前に、親が自分自身に矢印を向けてみることが必要なのではないかと思っています。

その状況をつくったのは社会や学校や子どもの友人たちではなく、親自身にあるのではないかと、考えてみることも大切だと思うのです。

子どもがリストカットをしたときに、それを見て泣いたり悩んだりする前に、まずは抱きしめて「生きていてくれてありがとう」と声をかけたのか。

カウンセリングや薬などに解決策を求める前に、自分自身の考え方や家庭の環境を見直したのか。そこが足りていないように思えることが多いのです。

子どもが勉強になかなか取り組まない、テストの点が上がらない、授業に後れをとっているという状況も同じで、「塾に入れればＯＫ」「学校にもっと何とかしてもらおう」と思う前に、親が子どもに対して勉強しやすい環境設定を与えられているかを見直したほうが、根本的な解決になるはずです。

ただ、もちろん、決してみなさんが「親としてダメだ」と言っているわけではありません。教育は、そんなに簡単にセオリーどおりにいくものではありませんし、みなさん手探りの中、努力をされていることと思います。

みなさんは子どもの幸せを願うからこそ、本書を手にとってくださっているはずです。それだけでも、親としてとても素晴らしい行動です。

ですから、その努力のやり方を、少し変えてみてほしいのです。

子どもを何とかしたいと思ったときには、矢印を自分自身に向けてみること。これが重要だと覚えておいてください。

第2章

教育は
何のためにある？

多くの親は子どもの教育に悩みを抱えているものです。

しかし、そもそも教育とはいったい何なのでしょうか。

宿題をやり、テストでいい点をとり、偏差値の高い学校に進学すれば、教育は成功と言えるのでしょうか。

なぜ宿題をやり、テストでいい点をとり、偏差値の高い学校に行かなくてはならないのか、みなさんは明確に答えられますか？

その理由を示すことができないまま、子どもに押しつけるのはとても理不尽なことではないでしょうか。

宿題をやらない、テストで平均点がとれないといった子どもの姿を見て、あせったり悩んだりする気持ちはわかります。

勉強しろ、いい点をとれと言われて私たち大人も育ってきたがゆえに、無意識に自分の子どもに同じことを求めてしまうのかもしれません。

でも、悩む前にまずは、教育とは何かをあらためて考えてみましょう。子どもにとって必要な教育とは何かを親御さん自身が整理できていれば、その悩みも解決の糸口が見えてくるはずです。

09 いい学校、いい会社に入ればＯＫ？

みなさんはお子さんに、少しでもよい教育を受けてほしいと考えていると思います。

ただ、その「よい」教育とは、いったいどのようなものなのでしょうか。

本人が持つ才能を開花させてくれる教育や、将来社会に出るときに役立つ能力を身につけさせてくれる教育……と、漠然と考えている人が多いと思いますが、具体的に「こうやってほしい」という答えを持っている人は少ないのではないでしょうか。

具体的には思いつかないけれど、少しでも偏差値の高い中学、高校、大学に進学してくれたら、きっと「よい」教育が受けられるはずだと考えている人もいるかもしれません。

そして、「よい」教育を受けた結果として、大きな会社に入ったり、安定した仕事につくことができたりして、一生困らなくてすむようになる。そんなふうに考えている人もいませんか？

ただ、その道が本当に本人にとって幸せな道なのか、最良の選択肢なのかは、親やまわりの大人たちが決めるものではありません。

もしも、子どもが「将来、国を動かすような仕事をしたい」「外交官になって活躍したい」といった夢を持っているのであれば、現状では難しい試験に合格するような学力が必要ですし、有名大学を卒業することが求められます。

その場合は、高い偏差値の学校に進学するということが夢をかなえる近道となります。

しかし、まだ子どもが何の夢も目的も語っていないのに、将来どういう夢を持っても対応できるようにと、保険をかけるような意味で、高い偏差値の学校を目指すように、親が価値観を押しつけることは、単なる親のエゴでしかありません。

子どもの道は、子ども自身が決めるものです。

そして、子どもが将来生きていくうえで本当に役に立つ教育とは、必ずしも偏差値をひとつでも上げて、有名な学校に進学させる教育を指しているわけではありません。

教育において大切なのは、子どもが夢や目標をかなえる力を身につけるということです。

私はこのことを、自身の人生の中で体感しています。

私の父の家系では学歴がとても重視されており、私も子どものころから勉強しなさいと厳しく言われて育ってきました。

私の下には3人の弟と妹がいるのですが、親は私に「将来は公務員になりなさい」と言っていました。

安定した職業だから、という理由です。私にはそれがとても嫌でした。公務員になれと将来を押しつけられることも、やりたいことが無数にあるのに、勉強にしばられることも苦痛でした。

そのため、私は親に反抗して勉強せず、親が言う真逆のことをやってやろうという気持ちになっていきました。

その結果、中学受験は不合格。

弟と妹は真面目にいうことを聞き、中学受験も合格したので、私は下の3人と常に比較されるようになりました。そして、ますます家にいるのが嫌になっていきました。

しかし、人生を変えるような出会いが中学生のころにあったのです。

それは中学のときのA先生です。私の中学では毎年3年生の希望者が集まって芝居をするのですが、その芝居をつくっていたのがA先生でした。私はそこで主役をやらせてもらい、舞台に立って演じ、大きな拍手をもらうことの楽しさを知りました。

高校生になると、A先生が「地域の公民館で芝居をやろう」と声をかけてくれたことで、私は劇団をつくり芝居にのめり込んでいきました。

劇団では年に数回公演を行い、200人以上の観客が集まることもありました。私は、将来は演劇の世界でスタッフやキャストとして活躍したいと思うようになっていきました。安定した企業に就職できたらとは、微塵も思いませんでした。

A先生のおかげで、将来の夢をハッキリ描くことができるようになったのです。

しかし、そのA先生は別の学校に異動して、生徒たちとの関係がうまくいかなくなってしまい、結果、35歳で自ら命を絶ってしまいました。

A先生は私たち教え子数人にも、その悩みを相談してくれていました。

私は話を聞いて「そんなことだったら生徒が悪い」と言っていたのですが、A先生はかたくなに「生徒は悪くない」と否定していました。私にはそれが不思議でなりませんでした。

どう考えても生徒が悪いとしか思えないのに、なぜ先生は生徒を悪者にしないのか……。

その答えが知りたくて、私の夢は演劇の世界で生きていくことから、教師へと変わっていきました。

それが高校3年生のころでした。

これまでまったく勉強してこなかったところから大学の教育学部を目指して、猛勉強をスタート。

教育学部の大学には落ちてしまいましたが、教職課程をとれる大学に何とか合格することができ、塾講師のアルバイトをするなど、教育の世界に足を踏み入れたのです。

今、こうして私が教育の世界で自分の会社を設立して、学校の中に入って生徒たちを指導できているのは、A先生との出会いがあったからです。

偏差値教育に乗せられた結果ではなく、人との出会いによって自分の道を決め、突き進むことができたのです。

だからこそ、まだ何の夢も目標も持っていない子どもの生活や意識を「ひとつでも高い偏差値を目指しなさい」と勉強でがんじがらめにすることには、違和感を持ってしまいます。

もしかしたら、子どものさまざまな選択肢を奪い、チャンスを握りつぶしていることになっているかもしれないといつも考えるようにしています。

10 テストの点を上げてほしい理由を考えてみよう

親は誰しも、子どもにもっと勉強してほしいと思っています。

でも、多くの子どもにとって**目的のない勉強は苦痛なもの**、できればやりたくないものです。何となく机に向かっていても、ノートをきれいにまとめることに時間をかけているだけで知識はあまり頭に入っていなかったり、難しい問題になると集中力が途切れて他のことをしたくなったりします。

結果、なかなかテストの点は上がらず、親は「ちゃんとやってるの？」と子どもを叱りたくなってしまうわけです。

そんなときに考えてほしいのは、子どもの成長とは、テストの点や偏差値など、数値で測れる学力を伸ばすことだけなのかということです。

多くの親は昔と同じように、「いい高校、いい大学に行ってほしい。できれば国立、私立なら少なくともこれくらいの偏差値のところに」と考えています。そのために、中学生や高校生のうちにしっかり成績を上げることが必要で、子どもに「勉強しなさい」と声をかけます。誰よりも勉強して、その集団の中で優秀な成績をとってほしいと願うのです。

でも、その先のことは、どう考えているのでしょうか。

今この現実を見てみると、学歴社会がすでに終わっていることは、みなさんもうわかっているはずです。今は学歴よりも「何ができるか」「何がしたいか」が重視される時代です。

私自身も、もし親に逆らわずに目的意識もないまま勉強して、公務員になっていたら、きっと今のようにやりがいを感じながら働くことができることはなかったと思っています。決して公務員を否定しているわけではなく、私がやりたいことではなかったからです。

今後はさらにグローバル化が進み、日本の中だけの「学歴」はあまり意味を持たなくなり、ますます学歴社会は古いものとなっていくことでしょう。

また、大企業に入ったからといって一生そこに居座ったとしても、安定した給料がもらえる時代ではないということも、みなさん気づいていると思います。

それなのに、教育というと話は別となり、どうしても「偏差値を1でも高く」「少しでも有名な高校、大学へ」ということだけにフォーカスしてしまうのはなぜでしょう。

もちろん、基礎的な知識や思考力を身につけることは大切です。

でも、その基礎的な学力は、人と競争して勝つことや、有名校に進学するためだけに使うものではありません。ましてや、親のプライドのためのものでも決してありません。

自分の学びたいことや知りたいと思った物事をより深く学んだり、興味の持った道を追求したりするために必要なのが、基礎的な学力です。

そして、その学力を身につけるために親がすべきことは、「いい点数をとるために勉強しなさい」と伝えることではありません。

重要なのは、何かのために勉強しようと思えるような環境を設定してあげることです。

そういった環境設定ができていないまま「勉強しなさい」と言っても、子どもは嫌なものは嫌ですし、「塾に行かせて成績を上げたい」「学校にもっとちゃんと指導してもらって、勉強するようにさせたい」と他力本願で任せっぱなしにしては、うまくいきません。

親は、もし、まだ学歴神話にとらわれているのであれば、それは過去のものであると認識し、「社会に出たわが子にどんな人生を歩んでほしいか」を深く考えてみましょう。

11 数字で自分自身を評価してしまう子どもたち

親だけでなく、子どもの教育にかかわる大人たちもまた、子どもを数値や学歴など目に見えるものだけで評価しようとしているのが、悲しいことに現実だと思います。

学習塾は、親がお金を払って子どもを通わせるものです。

ですから私たちは、お客さまである親のニーズにこたえなくてはいけません。

私ももちろん経営者として、そのニーズにこたえることは最重要だと考えています。

でも、そのやり方として、子ども一人ひとりが持っている能力や特性を無視して、テストの正答率を上げるためだけに指導することだけは、したくありません。

もっと根本的に、人間として子どもが成長するための指導を行う中で、学力も付随して伸ばしていく、それが私のやり方です。

多くの子どもは、テストの点や偏差値など、数値だけで自分の評価を決められることにストレスをためています。

しかし次第に数値で評価されることに慣れてしまって、**「自分は偏差値が50もないから、きっとダメな人間だ」「自分は偏差値70もあるから、立派な人間だ」**と自分自身を評価するようになってしまう子どもも実際に見られるのです。

テストの点や偏差値で自分の価値を決めつけ、自身を卑下したり、他人を見下したりする子がいるのです。

また、偏差値が50程度の学校に通う子どもたちを見ていると、誇りを持って、その学校を卒業していく子は残念ながらあまりいません。

偏差値の高い学校に入れなかった自分を卑下しながら、「どうせこのレベルだ」と同時に同級生や先生たちを見下して学校生活を送る子が多いのです。

本当にそんなことでいいものでしょうか。

子どもたちがこのように、今を一生懸命に生きられず、「自分はこんなものだ」とあきらめたり、他人を平気で見下したりするように仕向けているのは、大人たちであることに早く気づかなくてはなりません。

首都圏では大学入試のために、私立の中高一貫校が増えてきて、教育のゴールを大学進学にすえて、競争を激化させています。

その中で、つまずいている子たちに対して「なぜつまずいたか」「どうしたら乗り越えさせてあげられるか」を考えず、軍隊のように「もっと努力しろ」とおしりをたたくこともあります。

子どもたちは、いい進学実績をつくってくれればいい、という雰囲気になってしまっている学校も多いのです。多くの進学塾も、これは同じです。

まわりの大人たちが、**「あの学校はたいしたことはない」「偏差値の低い学校に行くと将来はない」「有名な大学に入っている人が立派な人だ」**という気持ちで子どもたちに接していれば、当然子どもたちもその考えに染まっていきます。

子どもたちは、まわりの大人に高く評価されるために、テストで点をとらなければいけない、偏差値を上げなければいけない、と追い詰められます。

しかし、その先に何か目的があるかと言えば、何もないのです。

こんなむなしい状況を、子どもに経験させていいものでしょうか。

「うちの子は目標がない」「最近の子どもは夢がない」と大人たちは言いますが、そうさせているのは、大人たちだということに気がつかなければなりません。

こういった現状を変えるには、大人たちがまず、**今の教育に対して疑問を持つこと**が重要です。

私が運営する塾では、保護者には「塾を信用して、子どもからなるべく手を放して任せてほしい」と考えています。

ですから、塾を含めて今の教育に対して疑問を抱けというのは、矛盾していることだとも思います。

でも、「数字や学歴など目に見えるものだけで子どもを判断するという風潮」に対しては、保護者のみなさんにもしっかり危機感を持っていていただきたいのです。

もし運悪く、学校や塾など子どものまわりにいる大人たちが、そのような考え方で子どもに接しているなら、親はせめて、数字には表れない子どものいいところや成長をどんどん評価してあげてほしいと思います。

12 学校のテストは昭和から変わらず

学校のテストは、基本的には教科書やノートに書いてあることを暗記すれば点がとれるような内容になっています。

点数が悪くても、補習を受けたり簡単な追試を受けたりすれば、子どもたちは進級・卒業することができるようになっています。こういう状況の中で、テストで点をとれるようにすることが、果たしてイコール学力を上げることと言えるのでしょうか。

塾ではよく、保護者から「学校のテスト対策をしてください」と言われますが、私はそこにお金をかけるのはもったいないと考えています。

暗記するためだけにお金と時間をかけても、本物の学力は身につかないはずだからです。

今の学校では、まだほとんどが型にはめるための教育を続けています。何十年と続いてきた、一億総中流社会に向けてサラリーマンを量産する教育から何も変わっていません。

みんなで一律に暗記をしましょう、一律に計算方法を覚えて計算しましょう。

「教科書のここを覚えてください」と言われたとおりにやっていれば点数がとれてしまいます。

でも、何かを新しく生み出す力はつきません。

今は昭和ではありません。言われたとおりのことをするだけで評価がもらえる時代はすでに終わっていることは、みなさんご存じのはずです。

広い世界を見すえて、世の中にまだ存在しない、そして人々に求められているものを生み出せる力がこれからは問われていきます。誰もやっていない仕事が価値になっていきます。

みんなと同じように教科書を覚え、教えられたとおりにできる計算能力だけでは、できる仕事の幅はかなり狭まるでしょう。

一部の有名中高一貫校などでは、それではいけないと思考力を身につける教育を重視するようになっていますが、多くの学校はまだ昭和から何も変わっていないのが現状です。

教えるほうも、自分がそういう教育しか受けてこなかったため、しかたがないのかもしれません。

ただ、大人にも子どもにも、「これでいいのか」と疑問を持ってほしいなと感じます。

もちろん学校の先生たちも、おそらく「今のままの教育でいいのか」と疑問を持つことはあると思います。将来を見すえた理想の教育について考えている先生もいるでしょう。

しかし、たとえトップが「変えましょう」と旗を振っても、たいてい現場では井戸端会議のようにこんな会話が出てきてしまいます。

「とは言ってもねえ」「自分たちで変えるのはムリじゃない？」……。会社も学校も、同じです。人間は誰でも、努力をして変化するより現状を維持するほうがラクに決まっています。

しかし私は少なくとも、自分たちが触れ合っている子どもたちには現状維持を優先して何かをあきらめたり、考えることを放棄したりするような人間にはなってほしくないなと思っています。

ラクな状態を保ちたいがために、居酒屋で上司や経営者の批判をしながらダラダラと酒を飲んでいるサラリーマンのようにはなってほしくはありません。

まわりの大人のあり方に、子どもは影響されていきます。だから、大人が「今のままでいいのか」と常に考える、物事をよりよくしようと行動する姿を見せることが重要なのです。

それは学校でなくても、できることです。

偏差値トップクラスの有名校に通わなくても、考える力をしっかり身につけられる子どもはたくさんいます。

なぜなら、要は、まわりの大人次第だからです。

なんでも答えを先回りして教えてしまって、「覚えなさい」というふうに接しないこと。テストの過去問がこうだから、これをやりなさいと教えてしまうのではなく、自分なりに「どうしたら成績が上がるか」を考えさせること。

大人は、答えをすぐに言いたがってしまいますが、これはおもしろいドラマの結論を先に言ってしまうのと同じです。テレビドラマではおもしろくなってきたところでCMが入ったり、翌週に続く形で終わってしまったりします。その間に「どうなるんだろう」と考えることも、ドラマの楽しみ方ですよね。

なんでもかんでも「こうやればいい」と教えてしまうと、子どもたちは興味を持つことも、考えることもしなくなります。

さまざまな物事を、「これってどういうことだろうね」と子どもたちに考えてもらったり、一緒に考えたりするという姿勢が、子どもたちにとってはとても大切なのです。

13 目に見える結果ではなく、過程をいかに重視するか

第1章では、子どもの前で学校の先生をやみくもに批判することはよくないと書きました。

しかし、今の学校教育がこのままでいいのかと言えば、そこには批判の余地はあります。

子どもが自分の力を伸ばし、発揮していくためには、目に見える結果だけを追い求めていてはうまくいきません。

テストで何点をとった、通知表がいくつだった、ということを中心に子どもを評価してしまうと、子どもが社会に出たときに本当に必要な力は身につかなくなってしまいます。

大切なのは、過程をいかに重視するかということです。

結果ありき、ゴールありきで過程を重視できていない学校も、今は多いように感じます。

特に私立では、生徒がどの大学に合格したかという実績が重要視されることが多く、いまだに学歴社会が続いているように考えている学校も少なくありません。

学校行事にしても、たとえば合唱コンクールならピアノが弾ける生徒、指揮者をやった生徒が音楽の内申点を上げるということがあります。そして、その過程における子どもたちの成長が、あまり見られていないことがあります。

クラスがなかなかまとまらないときに、基本的には子どもに任せながらも、陰で大人がうまくサポートするということができていないケースもよくあります。

私が運営している学習塾では、それぞれの科目を指導するだけでなく、課外活動も行っています。

カラオケやドライブ、日帰りで海に行くなどのプチ旅行、あるいはコンビニへの買い出しといったことを子どもたちに体験してもらっています。

ただ遊ばせているわけではなく、カラオケなら歌った歌詞についての感想を書いてもらったり、不登校でなかなか他の子となじめない子がいたら別の子に「うまく声をかけてあげて」とお願いをしたりと、さまざまなミッションを課しています。

人とかかわり、さまざまな体験をしてもらいながら子どもたちの成長をサポートする中では、そこから何を学べるのか大人が意識しておくことも必要です。

たとえばコンビニへのおやつの買い出しであれば、その時間に来ている他の塾生たちの好みを考えて選べるかどうかを私は見ています。

自分の好きなものばかり買ってくるのではなく、「今日は女の子が多いからチョコレートがいいかなと思って多めに買ってきた」など、他の子がどうしたらよろこぶのかを考えて買ってきた生徒は、しっかりほめるようにしています。

もし結果として、他の子たちがあまり好きではないお菓子を買ってきてしまったとしても、それは関係なく私はほめるようにしています。

人のために動けばいつか必ず自分に返ってきますし、社会で活躍するには「人が何をしたらよろこぶのか、助かるのか」という視点が重要だからです。

どう考えて動いたかがポイントだということです。

学校には、授業やテストだけでなく、社会に出たときに必要になる力を身につけられるイベントがたくさんあります。

でも、「移動中のバスではしゃべるな」「こういうルールどおりに動け」と、いまだにどこかしら軍隊式で、現代社会にそぐわないやり方をしている学校が多いのも現実です。

そして、「言われたとおり静かに動けたから評価する」「リーダーの役をやったから評価する」といったわかりやすい部分だけで生徒を評価し、過程をないがしろにしてしまう先生がときどきいるのも、事実です。

子どもが自ら考えて動き、壁にぶつかったときには陰でサポートするということに、大人はもう少し力を割いてもいいと思います。

学校の先生や親が、テストの点や通知表の数字、どんな役割を担当したかといった、わかりやすく目に見えることだけで子どもを評価してしまうと、子どもは、

「大人は自分のことを見てくれていない」

と感じてしまいます。過程の部分で努力をしても、誰もほめてくれないし見てもくれていない。

そう感じてしまえば、子どもはがんばろうという気持ちにはなりません。

結果的に、テストで点をとることだけに価値があり、点がとれない子どもはダメな人間だ……というように、人を数値で測る考え方が身についてしまうようになるのです。

14 目的達成へのプロセスを考える習慣をつけること

進路選択の際にも、過程や目的を重視するというのはとても重要なことです。

ただ有名大学、四年制大学に行けばいいという決め方ではなく、何を学びたいのか、何をしにその大学に行きたいのか、どの教授から学びたいのかといった目的意識を持って選んでほしいのです。今は学力が高い人だけでなく、誰でも大学に進学できる時代です。四大を出ているからといって学ぶ意欲が高かったり、何かを極めていたり、優秀な人材だとは、もう判断されません。どんな目的を持ち、何をしてきたかが問われるのです。

「いつか稼げるようになりたい」とは誰もが思うと思いますが、何のために、いくら稼ぎたいのかを明確に言える人は多くありません。稼げるようになりたいという夢を持つのはいいのですが、自分にとっていくらが「稼いでいる」ことになるのか、曖昧な人も大勢います。

ＢＭＷやポルシェに乗っていれば稼いでいるように見えて、そんな生活を送りたいと思う人もいるかもしれません。実は私もポルシェを持っています。でも、それは経営者の知り合いからいただいたものであって、決して私がお金持ちだからではありません。「稼げる人に見られたい」という虚栄心からお金を稼ぎ、稼げる人に見られそうなものを所有したとしても、その先に何も目的がなければ、むなしいだけだと思いませんか？

進学や就職の際に、学校では進路指導を行っても、**「何のために」を掘り下げて一緒に考えてくれる先生はほとんどいません。**多くの進路指導では、「今の実力で、受かるかどうか」「他にはこんな候補がある」といったことしか教えてくれません。でも本当に大切なのは、**目的のために今まで何をしてきて、これから何をするべきかを考えること**です。

特に就職においては、学歴で採用する企業はもはやほとんどありません。なぜその企業に入りたいと考え、そのために何をしてきたのかが問われます。そこを学校ではなかなか指導できず、目に見えるものだけで判断してしまう。これが教育現場の現実です。

教育とは、子どもが社会に出て役に立つ人間になるために行うものです。それを学校だけではできないのであれば、身近な大人たちがサポートしていくべきではないでしょうか。

15 宿題や勉強から逃げる子どもたちへの対応

子どもが宿題をやらない、テスト勉強をやらないと悩んでいる親も多くいますが、宿題をやることやテストでいい点をとることに子ども自身が目的意識を持っていなければ、やらないのは当然です。

もし、みなさんが同じ悩みを抱えているのであれば、ではお子さんが宿題をやりさえすれば自分は満足なのか、テストでいい点さえとってくれれば満足なのかを、考えてみてください。

子どもが宿題をやること、テスト勉強をしていい点をとることがゴールになっていないか、自問自答してみてほしいのです。

宿題を提出して、テスト勉強をして、いい点をとった後に、子ども自身が何をかなえられるのかが見えていないのに、ただ「やれ」というのは思考停止に他なりません。

私の塾では、子どもと面談をして徹底的に向き合い、本人が何をしたいかを聞き出しています。

大きな夢でなくても、こんなことに挑戦してみたい、こんなことができるようになりたい、といった話を聞き出します。

子どもの目標を聞き出すことができれば、宿題をやらせる、テスト勉強をやらせることは容易になります。

なぜなら、その目標を達成するのに必要なことがこの勉強だと説明ができるからです。

ただ、子どもは基本的に嫌なこと、つらいことからは逃げたくなるものです。必要だとわかっていても逃げてしまったり、他にもっとラクで楽しそうなことがあればそちらに吸い寄せられてしまったりするものです。

私の場合そんなときには、自分がやると言った約束は必ず守らせるようにします。

たとえば、高校受験をすると自分で決めたけれど勉強から逃げてしまい、英語の不規則動詞をなかなか覚えられず、そのいらだちから家で暴れてしまったという生徒がいました。

でも、自分でやると言ったことなのです。

私は彼を毎日のように塾に呼び、「覚える努力をしてこなかったのに暴れる権利はない」と諭し、覚えるまで帰らせないようにしました。

子ども自身に目的がないのに、大人が勝手に宿題をやれ、勉強しろと言っても子どもは反発心しかわかないことでしょう。

しかし、自分が決めたこととなれば話は別です。

「勉強したくないならしなくてもいいよ」ではなく、子ども自身が心のどこかで持っている、やりたいこと、なりたい自分を対話によって引き出し、「この目的のために、今やらなくてはいけないのは何か」と示してあげること。これが大人の役割です。

私の生徒たちの中にも、「起業したい」「プロのダンサーになりたい」「看護師になりたい」など、いろいろな夢を持つ子たちがいます。ただ、それをかなえるには10年くらいかかります。では、それまでに何をやっておくといいのか？

「大きな夢を達成するためには、小さな目標をこなしながら、基本的な力を身につけることが大切だ」

そう話すと、子どもたちは今できることをやろうとがんばり始めます。

「大きな声で人にあいさつをする」

「1日3回、人からありがとうと言われるような行動をする」

「お箸の持ち方や姿勢を直す」

こんな、ちょっとがんばれば手の届くことでも、積み重ねていくことが、夢をかなえることにつながっていく。

これが理解できれば、子どもたちは自分で次々と小さな目標を決めていきます。

ここで大人がすべきことは、自分で一度決めた約束事ならば、必ず守るように教えることです。

社会に出たときに、一時的な感情で嫌なことから逃げてしまい、自分のやりたいこと、ほしいものを手に入れられない人間になってしまわないために、これは大切なことです。

自分で決めたことをやれば、何かが得られるのだというプロセスを体験させることが、子どもの成長につながっていくのです。

16 逃げるときの言い訳にも耳を傾けよう

子どもは、基本的には宿題やテスト勉強など、嫌なことから逃げようとします。その言い訳をいろいろと考えます。

大人は、その言い訳をしっかり聞いてみてください。

そして、うそをついていたらきちんと指摘しましょう。人間として必要な姿勢を身につけさせることは、偏差値を上げることよりもずっと大切なことです。

たとえば生徒が宿題をやってこなかったとき、その理由を聞いて、

「面倒くさかった」

なら、私はそれ以上追求しません。

それは本当のことだからです。

その宿題が、自分でやると言ったことなのにできなかったのであれば、約束を守るように諭します。しかし、

「忘れました」

という言い訳は通用させません。

宿題を忘れるということは、基本的にはあり得ないからです。

子どもたちは嫌なことから逃げるため、あるいはできなかったことをごまかすために、よく小さなうそをつきますが、これを許していたら将来「困ったときにはうそで切り抜ければいい」という姿勢が身についてしまいます。

テストで高得点をとっている生徒でも、人間として基本的なことが身についていなければ、大人になったときにトラブルを起こしたり、嫌なことから逃げるくせがついてしまったり、人から信頼されない人間になってしまったりします。

それに、人間として基本的なことを身につけられていない人に、新しいアイデアを考え出したり、人に求められる価値を生み出したりすることはできません。

私の塾では、**人間として基本的なことができているかどうかを非常に重視**しています。

あいさつをすること、うそをつかないこと、また鉛筆や箸の持ち方なども間違っていれば徹底して教えます。

社員でも、箸をきちんと持つことができていなければ矯正してもらっています。

教育というとつい勉強のことばかり考えてしまいがちですが、それ以前に人間として基本的なことをないがしろにしていないか、大人たちは日ごろから注意しておくべきでしょう。

自分がやると決めたことに対して、うそをついたり逃げたりせずにやりとげる力も、人間として持っておきたい基本的な力です。

17 本当に子どもを育てる教育とは?

教育はなぜ必要かというと、社会に出たときに困らない知恵や考え方を身につけるためです。大人になったら、働いてお金をもらう力だけでなく、社会に生きる人たちとかかわり、互いに幸せになっていく力も必要です。その力を身につけるためにあるのが教育です。

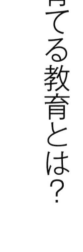

しかし、多くの大人はこのことをわかっていながら、「今の時代の社会」に出たときに必要な力を身につける教育を子どもに与えてはいません。暗記重視のテストでいい点をとり、偏差値の高い大学に入れば、社会に出てから死ぬまで困らないようになれるほど、今の社会は甘くはないはずです。

では、**子どもが社会に出たときに困らないようにする教育**とは、どんな教育なのでしょうか。

私は、**挑戦させること**だと考えています。

何かに興味を持ったり、疑問を持ったりして、さらに深く知ろう、問題を解決しようと挑戦していくこと。子どもを成長させるには挑戦させる機会をいかにつくるかが重要だと思うのです。

目的を持って何かに挑戦すれば、より知りたいことが増えていきます。新しい壁にもぶつかります。この繰り返しで、人は成長していきます。

子どもだけでなく、大人にも挑戦し続けるということは重要です。私にはメンターとして尊敬している経営者がいますが、その人に言われたのが、「選択肢があるときには、いばらの道のほうを選びなさい」という言葉でした。それを実行してみると、人生がとても豊かになることに気づきます。

いばらの道に挑戦してみると、知ることができる物事、見えてくる世界がとても広くなるのです。

子どもも、ただ大人に言われたことだけをやるのではなく、目的意識を持って何かに挑戦することで、知識の量も、見えてくる世界も大きく変わるはずです。ですから、子どもが何かをしたいと自発的に考えたときには、否定をしないことが重要です。

最近では、「YouTuberになりたい」「プロゲーマーになりたい」という子どもも増えています。大人からしたら遊びのように思えるかもしれませんが、実際にこれらを仕事として真剣に行い、お金を稼いでいる人たちがいるのも事実です。

そして、彼らは一日中動画の研究や編集をしたり、寝る間を惜しんでゲームの腕を磨いたりしています。簡単な努力ではプロにはなれないのです。こうした夢をバカにしたり、否定してしまったりすると、子どもは「どんな夢や目標を持っても、否定されるんだな」と感じてしまいます。

そして次第に、何をするにも目的意識を持てなくなっていきます。

挑戦することができなければ、知識欲も壁を乗り越える力も身につかないまま、大人になっていきます。「挑戦」とは、自分の目の前にハードルを置くことです。

どんなハードルがあるかをしっかり認識して、それをどうやったら飛び越えられるかを自分の頭で考えるという作業です。

目の前にある問題を分析し、解決する手だてを考えること。

これが今の社会で求められる力です。

子どものうちから挑戦という体験をしているかどうかが、大人になってから社会で必要とされる人間になれるかどうかに、大きくかかわっているのです。

それなのに、大人が勝手に**「テストでいい点をとりなさい」「偏差値60以上の学校に入りなさい」「そのために、これこれの勉強をしなさい」「1日3時間勉強しなさい」**などとレールを敷いてしまえば、子どもは「言われたことをやる」力を身につけるのがせいぜいとなってしまいます。

「1を言われて10をやる」大人になるどころか、「1を言われても0・1しかできないのが通常」になってしまうかもしれません。

最大限に力を発揮できたとしても、できるのは1まで止まるでしょう。

自発的な「挑戦」という経験をどれだけ与えられるかが、子どもの成長にはもっとも効果的かつ必要なことです。それを教育の中で実現していくのが、私たち大人の役割なのです。

ちなみに、私の塾では、毎年受験生に対して「激励会」を行っているのですが、それを仕切るのは小学生の子どもたちです。小学6年生の受験生たちのために、5年生がイチから激励会をつくりあげるのです。

会場をリストアップして選んだり、予約をしたり、値段交渉をしたり。風船をいっぱいふくらませるなどの会場設営も自分たちで考えて行います。

当日のスケジュールも子どもたちが考え、受付も司会も自分たちで行います。これを見て、4年生たちは「来年、自分たちもこんなふうにやりたい！」と思うのです。

小学生なので、もちろん大人の手を借りなければいけなかったり、うまくいかないこともあったりしますが、保護者のみなさんもわかっているのでにこにこと見守ってくださっています。

こんなふうに、大人が子どもに挑戦する機会を与えて、見守ることが、子どもたちが将来生きるうえで大切だと思うのです。

18 現実として立ちはだかる「受験」をどう考える？

私としては、今の暗記中心の受験に疑問がありますが、とはいえ現実として進学するために多くの子どもが受験というハードルを越えなくてはなりません。親は、子どもの受験に対してどのように考えるべきか、お伝えしておきましょう。

子どもの受験においてもっとも重要なのは、「親が勝手に決めない」ということです。子ども自身に、行きたい進学先を決めさせてください。「この学校に入る」と自分で決めた目的のために乗り越えなくてはいけないハードルが受験であれば、子どもは自ら努力することができるはずです。

受験勉強を進める中で、もしかしたら、**「こんな勉強をして意味があるのか」「なんで受**

験なんてしなくちゃいけないの」と弱音を吐くこともあるかもしれません。でも、子ども本人が決めたことであれば、

「こういうシステムなのだから、やるしかないでしょう。あなた自身が決めたことだからがんばりなさい」

と言えるはずです。**自分の目的を達成するために、**やりたくなくてもやらなければいけないことは、社会の中にいくらでもあります。世の中にあるすべての仕組みを、自分の都合のいいように変えることなどできません。理不尽だと感じたとしても、嫌なことから逃げることを覚えてしまうと、どんな目的も達成できなくなってしまいます。そして、いつか目的を持つことすらできなくなっていきます。

しかし、目的のために忍耐をして乗り越える経験を積み重ねていくと、多少のハードルは簡単に乗り越えられるようになっていきます。受験は、目的を達成する力を身につける大きなチャンスでもあるのです。

大人はこのチャンスを活かさねばなりません。

ですから、進学先を自分で選ばせるように、できるだけ多くの学校見学につれていき、選択肢を見せてあげましょう。

親の好き嫌いで見学に行く学校を絞り込んではいけません。ネットだけの情報で判断してもいけません。親やまわりの大人の好みや価値観にかかわらず、できるだけ本物の情報をたくさん与えて、自分自身で考え、目標を決めさせてください。そのプロセスが、子どもに力をつけていきます。

子どもたちに目的を持って進路を選ばせてみると、ときには「今の偏差値ならもっと高いところに行けるのに、どうしてこの学校を選んだの？」と言いたくなるケースもあります。でも、ここもぐっとがまんです。

私の教え子にも、ハンドボール部の活動と勉強を両立して、偏差値65以上をとっていた女子生徒がいましたが、その子が進学先の高校として選んだのが、偏差値55くらいの学校でした。ハンドボール部が強い高校ということで選んだというのです。

その子には体育教師になりたいという夢があったので、私は最初、「せっかく成績がいいのだから、もうちょっと偏差値の高い進学校に入って、教員免許をとれる大学への進学を目指したら？」とアドバイスしました。すると、こんなふうに返されたのです。

「先生は勉強したら選択肢が広がると言ったので、勉強して選択肢を増やしたんですけど？」

彼女の言うとおりだと私は思いました。勉強は、選択肢を広げ、自分がやりたいと思ったことをやれる環境をつくるためにするものです。偏差値が高い子は、それ相応の学校に行くべきだというわけではないのです。

ただ、自分の実力よりも偏差値が低い学校に行ってしまうと、授業やテストを簡単に感じてしまって、勉強への意欲が低くなってしまうのではないか……。最初はそんな心配もしていたのですが、彼女には無用の心配でした。

結果彼女は、余裕で合格したその高校で、勉強にもハンドボールにも打ち込み、生き生きと毎日を過ごしています。保護者も、彼女から志望校はここだと聞かされたときには驚いていましたが、「本人が決めたことだから」と全力で応援してくれています。

19 受験結果を踏まえて、親はどうふるまうべきか

受験をすれば、その後には必ず結果が出ます。

その結果に対して、親がどのように受け止めるかというのも、子どもに大きな影響を与えます。

私も、自分が中学受験で不合格になったときには、母親が突然泣いて土下座してあやまってきたのですが、それを見て「何してるんだろ……」とあっけにとられて、無の感情になったことを覚えています。

親が誰よりも泣く、親が誰よりもよろこぶといった態度は、がんばってきた子ども自身にとってはショックなことです。特に不合格になったとき、大げさに悲観されてしまうと、

子どもは気持ちのやり場を失います。

今の日本では、先に書いたように高校まではどこかで不合格になっても、いわゆる滑り止め受験や、二次試験、後期試験などでたいていどこかには入学できるようになっています。私は、その仕組みの中で子どもが入学したところが**「ご縁のある学校」**だと思うべきだと考えています。

自身で決めた第一志望に合格できれば、何をどれだけやれば目的がかなえられるのかというプロセスを体感することができます。**たった1回の成功体験に満足せず、次の挑戦ができるように環境を整えてさえいれば、子どもはさらに大きく成長していきます。**ただ、第一志望ではない学校に進学することになったときには、**親のちょっとした落胆や不満が、子どものその先の成長を阻むことになってしまうので、注意が必要**です。

肝に銘じておかなくてはならないのは、受験はゴールではないということです。どの学校に入ったかで将来が決まるほど、社会も人生も簡単ではありません。中学受験に失敗したら東京大学には入れないということはありません。

偏差値トップクラスの学校に入れたら、将来必ず年収1000万円以上の仕事につけるわけでもありません。

さらに、受験に失敗したからといって人生が終わるほど、社会の中で受験は大きな意味を持ってはいません。経営者ならば失敗したら命取りになることはありますが、受験はそれほどたいしたものではないのです。

まずは、受験の結果、入学することになった学校が、そのときの本人のレベルに合った学校であるという事実をしっかりと受け止めるべきです。その後、本人が次の目標をどう設定するかによって、人生はまた変化していきます。

第一志望に不合格になった子どもを叱ったり、罵倒したりする親はまれでしょう。それが子どもをいかに傷つけ、自尊心を失わせ、将来への希望を見失わせるかはみなさん想像がつくかと思います。しかし、その代わりに第一志望ではなかった学校を否定的に見る親は多くいると思います。

「今回は受からなくて残念だったけど、次の大学受験はがんばろうね」

と、「今は失敗」というニュアンスで子どもに声をかけ、励まそうとする親はよく見かけます。

親が思うような学校に子どもが入学しなかったときに、親がその進学先を否定的に見てしまうと、子ども自身も学校を否定的に見るようになってしまいます。「ここでがんばってもしかたない」「ここにいる自分はダメなんだ」と否定的に卒業までの時間を過ごすことになれば、子どもは次の目標を設定する力を失います。

保護者の話を聞いていると、よく、その学校が第一志望ではなかった子の親同士でグループLINEをつくっているケースが見られます。そこで何を話しているかというと、学校の批判です。こういう親の考え方は、100パーセント子どもに伝わります。子どもも学校を批判的に見て、先生たちを見下し、素直に学ぶ気持ちを失っていきます。

その学校に通っていることに誇りやプライドを持てないと、子どもは感謝するという気持ちも失います。

その学校に落ちて入れなかった子がいることも忘れてはいけません。

親たちの批判にさらされながらも勉強を教えてくれる先生に感謝ができない。そこに通わせてくれた親に感謝ができない。まわりのサポートがあって今ここにいるということに、感謝ができなくなるのです。

そのままいくと、その子は必ず社会で大きな失敗をすることになります。自分のために働いてくれる人たちの存在に気づくことができず、人が離れていくことになります。

もし受験で思うような結果が出なかったとしても、それはただの反省材料にすぎません。

成功の反対は失敗ではなく、「何もしないこと」です。
失敗は成功のための材料でしかなく、成功からもっともかけ離れているのが「何もしないこと」です。そのことを親がしっかりわかっていれば、子どもも結果を前向きにとらえ、さらなる挑戦ができるようになるでしょう。

また、受験のときに出てくる言葉で、「滑り止め」というものがあります。私も便宜上使ってしまいますが、要は第一志望に合格できなかったときのために、確実に受かるところを受けておくということです。

私はこの「滑り止め」という言葉がとても嫌いです。

学力や才能は、いつ開花するかわからないものです。みんながみんな、受験のときに開花させるとは限りません。でも、「滑り止めの学校に進学した」という意識があると、前述したとおり「たいしたことない学校に来てしまった」という不信感の中で過ごすことになり、がんばる気力が失われていきます。

以前、受験の結果を報告しに来た保護者が、子どもの前で「こんなところしか受からなくて、この子がかわいそう」と言い放ったことがありました。この言葉は一生トラウマになるのでは、とあせりましたが、あとからその子が「あんなお母さんでごめんなさい」と伝えてくれたので、少し安心しました。でも、あの言葉は本当に、子どもによっては深く傷つくものだと思っています。

「こんなところ」と思うような学校なら、はじめから受験させなければいい。それが私の考えです。塾の進路指導でも、入って困るようなところ、その子に合わないところを私は受験させていません。

特に中学受験では、受験がゴールだと思ってがんばり続け、「滑り止め」にしか受からなかったといって燃え尽きてしまう子がとても多くいます。そもそも遊びたい盛りの小学生の年齢で受験をさせるのですから、そうなるのは当たり前ですが、大切なのはその先です。

この学校に行ったから、この子の人生はこうなる。そんなふうに決まった方程式はありません。そうではなく、その先の学校生活でどんなストーリーが生まれていくか。どんなことを学び、感じて、成長していくのか。その学校にしかない、おもしろい出会いがあるのではないか。そんなふうに、先々のストーリーをワクワクしながら子どもと一緒に想像してみる。

このように接することができれば、子どもは受験後も燃え尽きることなく、次の一歩を踏み出せるのではないでしょうか。

第3章

子どもとの距離を考え直そう

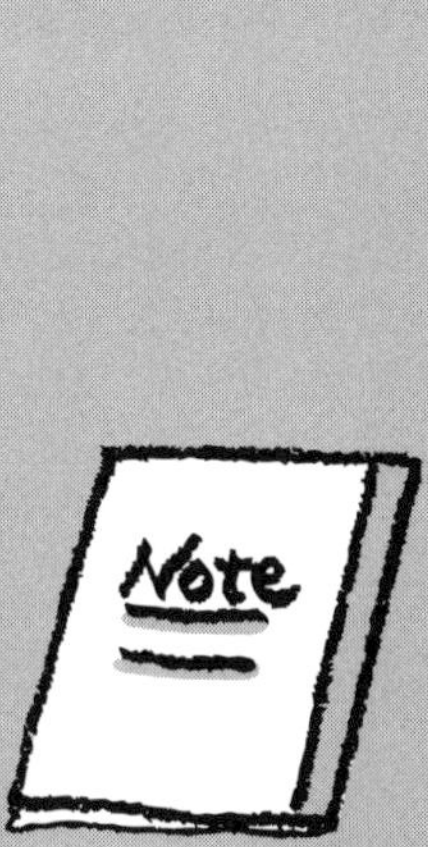

子どもが自ら進む道や目標を決め、自分の足で歩んでいく力を身につけるために、親はどの程度子どもに干渉していけばよいのでしょうか。

子どもが順調に社会で生きる力を身につけ、大きな問題を抱えず大人になっていく家庭では、親子の間に程よい距離感があります。干渉しすぎず、かといって何でも好きにやらせているわけではなく、子どもが失敗してもあせらずに余裕を持って見守っている、そんな親のもとで育っているのです。

自分で身の回りのことができるようになり、自分の意思を表現できるようになり、将来進む道を考えられるようになってきた子どもに対して、親はどこまでサポートすればいいのか。一人では食事や着替えもままならなかった小さなころとは違い、手を放すことも必要だと思いつつ、その程度がわからずに悩んでいる親も多いことでしょう。

本章では、思春期以降の子どもとの、理想の距離感について述べていきます。

20 過干渉になりすぎていませんか？

みなさんの中には、子どもによい教育をするために、親がさまざまなことをしなくてはいけないと考えている人もいるかもしれません。

しかし子どもたちを見ていると、それが逆効果になっていることのほうが、実は多いのです。「そこまでしないでほしい」ということをやっている親が多く、そのために子どもが伸び悩んでいるケースに、私はよく遭遇しています。

学校や塾の保護者会でよく聞くのが、

「うちは放任主義なので」

という言葉です。でも、よく話を聞いてみると、そういう親に限って過干渉になっていることが多いようにも感じます。

たとえば、子どもの恋愛にまで干渉したり、その日着る服など、朝出かけるときの準備までしてしまっていたり。おもしろいケースでは、入塾面談のときには、

「うちの子は家で何もやらないから、宿題をたくさん出してやってください」

と言っていたのに、いざ宿題を出すと「多すぎる！」とクレームを入れてきた親もいました。家で子どもが「宿題が多い」と言ったため、それをうのみにしてしまったのでしょう。

このように、**過干渉な親は、子どもの言うことをすぐに聞く傾向**もあります。行きすぎると、子どものちょっとしたひと言を聞いてその場だけで判断し、「うちの子はイジメられている！」と訴訟を起こそうとする人もいます。子どものそのときそのときの言葉や行動だけで物事を判断し、親が先走って対応してしまうのは、子どもと真正面から向き合っていない証拠です。本音や事実はどうなのかていねいに向き合うことなく、「学校に殴り込みに行く！」といさみ足をしてしまうのは、事態を悪化させることにしかなりません。

また逆に、子どもの言葉をいちいち疑って外部に確認をとろうとするケースもあります。たとえば、

「宿題なんて出されていないよ」

という子どもの言葉を疑い、毎回塾に確認を入れてくる保護者。

「本当に宿題は出ていませんか？」

と聞かれ、宿題を出していることを伝えると、いったん切って子どもに確認。子どもが「聞いていなかった」などと言い訳をすると、今度はその言葉を信じて、また連絡してきます。

「子どもは聞いていないと言っているんですけど？」

子どもにはよくある言い訳を、逐一疑ったり信じたり。そもそも、子どもは宿題があるかどうかを毎回親に確認されるのにうんざりして、適当にかわそうとしているだけなのですが、ついには「宿題を出したかどうか毎回連絡をください」と言ってくる……。そんな親もいるのです。

ここまで極端ではなくても、つい子どもの言葉や行動を細かく観察して、コントロールしようとしたり手伝おうとしたりしてしまう親は多いと思います。

しかし、**過干渉になってしまうと、子ども自身が考えて行動する力を奪うことになってしまいます。**

そんな親御さんは、もしかしたら、子どものために親がしてあげなければいけないことを、多く見積もりすぎているのかもしれません。

あれもこれもやってあげたいけれど、できない。

そんなふうに自分を責めているかもしれませんが、多くの親は「やりすぎている」のが現状です。

実際には、親が手出しをしないほうがうまくいくことが多いので、もう少し肩の力を抜いていただくのがよいかと思います。

また、過干渉になりがちな親は、「子どもが自分と同じような道を歩いてほしい」、あるいは「自分と同じ失敗をしてほしくない」という思いのどちらかが強い傾向にあります。

しかし、「あれをやれ、これをやれ」と口出しをして子どもの行動や選択を親が決めてしまうというのは、親のエゴでしかありません。

21 子どもへの期待を周囲に丸投げする親も

過干渉の少し変わったパターンとして、子どもに対してあれこれ言うのではなく、子どもにかかわるまわりの人たちのやり方に、あれこれ注文をつけるという人もいます。

子どもをここに進学させたい、こういう人生を送らせたいとレールを敷いたうえで、他人にそれを任せるパターンです。

こういう人は父親に多いのですが、たとえば子どもが宿題をやらないと**「お母さんがちゃんと管理をしていないからだ！」**と母親に責任をなすりつけます。

私の塾でも、

「うちの子は、母親が甘やかすからマザコンになった」

と言う父親に出会いましたが、どう見ても問題はその父親にありました。当然、夫婦ゲンカは絶えず、子どもはつらい思いをしていました。

夫婦間だけではなく、学校や塾に責任を押しつける人もいます。

たとえば、家庭での学習スケジュールや勉強方法なども、すべて塾が管理するものだと考えていて、

「何時から何時まで勉強するか、どうやってノートをとるのか、問題を解いたらどうやって答え合わせをするのか、ちゃんと伝えてくれましたか?」

と聞いてくる保護者もいました。私の塾では、宿題の答え合わせは丸かバツかだけをつけて、解き直しはせずに持ってきてもらい、塾の時間内にやり直しをするというやり方をとっていたので、それはあらかじめ伝えてありました。

しかし、家庭内で何時から何時まで勉強するかまで塾が管理するのはやりすぎですし、家庭によってそれぞれ生活スケジュールが違うので、管理しきれるものではありません。

そして、入塾してから数週間が経ち、成績が上がらないと、

「本当にちゃんと指導してくれているんですか?」

と今度はクレーム……。

子どもが少し思いどおりにならないと、子ども自身と向き合って話したり叱ったりするのではなく、すぐに母親や学校、塾のせいだと決めつけて責める。

でも、それでは何も変わりません。

子どもにある程度の期待を持つことは否定しませんが、それを第三者に「やっておいてね」「できなかったおまえの責任だ」と丸投げをするのは、自分勝手以外の何ものでもありません。

塾に通ったとしても、その家庭で何年もかけて培ってきた子どもの学習習慣、生活習慣は、すぐに変えられるものではありません。

塾でアドバイスを受けたり、宿題をやるようになって、少しずつ習慣が変わってきて結果が出るまでには、早くとも半年はかかるものです。

それを、「母親がきちんと言い聞かせさえすれば」「塾がきちんと管理してくれれば」、自分が期待したとおりの結果が出るはずだと、子どもをあちこちに丸投げ。すぐに結果が出ないと「ちゃんとやってくれているのか」と相手を責める……。

これを繰り返していては、いつまで経っても期待した結果は出てこないでしょう。

自分の子どもの現状に満足がいかないという親に知っていただきたいのは、今の子どもの状態をつくったのは、他の誰でもなく自分自身だということです。
お金を払って第三者に任せたとしても、子どもにとっていちばん身近にいる自分自身が変わらなければ、状況は何も変わりません。

親が肝に銘じていてほしいのは、子どもは親の持ち物ではないということです。子どもには一人の人間として、自分でどのような道を歩むか選ぶ権利があります。親や学校、塾がその子の生き方を決めることはできないのです。

また、子ども自身がやりたいことを上回るような過度の期待も、子どもを苦痛に追い込むことにしかなりません。私も小学生のころに親から、

「あなたは笑顔が素敵だから、笑っていなさい。そうすればみんなを幸せにできるから」

とよく言われていました。

言われたときには何も考えず笑っておけばいいと思って過ごしていましたが、高学年になるとだんだんそれが苦痛になっていきました。笑いたくない場面でも笑うことを期待されるのは、誰だって苦痛なはずです。

恋愛においても、相手から「これをして、あれをして」と過度な期待をされると重荷に感じるものです。

大人のみなさんでも、他人から過度な期待をかけられることは大きなストレスになるのではないでしょうか。ましてや、自分がその期待にこたえられないことに対して直接文句を言われるのではなく、周囲の人に「おまえのせいだ」と牙をむく様子を見せられたら、どう感じるでしょうか。

きっと、子どもはますますネガティブな気持ちになっていき、何のために学んでいるのかわからなくなってしまうでしょう。

子どもが自分の思うように成長していないと感じたときには、子どもや周囲の人が「足りない」のではなく、自分が「やりすぎ」の可能性があると疑い、まずは自分自身の子どもとのかかわり方を見直してみること。これが子どもを豊かに伸ばしていく最善策だと考えてください。

22

過干渉に育てられた子どもはどうなる?

過干渉になる親には、結果を早く出そうとする傾向もあります。

「先生がこれをやりなさいと言ったからやらせているのに、結果が出ません! 本当に今のやり方でいいんですか?」

などと、学校や塾の方針にもよく疑問をぶつけてきます。**効果がすぐに見えないから、暗記表や計画表をつくってあげたり、新しい問題集を買ってあげたりとあせって次から次へと手出しをしてしまう……**。でも、これは逆効果です。

やる気のなかった子どもが前向きになっていったり、勉強に精を出して学力が上がっていったりするのには、**少なくとも半年から1年はかかります。**

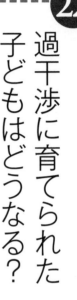

大切なのは、その途中経過で、口出しをせずに見守ることなのです。

もし、**結果が出るのを待てず、途中にあれもこれもと親が手出しをしてしまうと、子どもは何の達成感も得ることができません。**それに、**自分で判断するという力を身につけることができません。**

10年後、20年後に、自分自身では何も決められない大人になってしまうのです。

資本主義の社会では、自立をして自ら稼ぐ方法を見つけられなければ、生き抜くことはできません。誰かが決めたルールどおりに動いていれば安心して生きられるという社会ではないのです。

よく、「言われたことしかできないヤツは使えない」と言われますが、言われたことができる大人になれるのならまだマシです。学校や塾で言われたことを親に手伝ってもらってきた人は、言われたことすらできません。また、手伝ってもらうことが当たり前になってしまっているがゆえに、自分のために周囲の人々がどれだけ労力を割いたかということに思いを巡らせることもできません。

他人に感謝することもできず、言われたこともこなせない。過干渉な親に育てられると、生きていくこと自体がとても難しくなってしまいます。

実は私のきょうだいの一人は、超学歴主義の親の言うとおりに勉強して、親の希望どおりに進路を決めていった結果、挫折したときに**一人で立ち上がれないという状態になったことがあります。**職場からの要求にこたえられず、出社拒否をしたまま戻れなくなってしまうなど、苦しい経験をしてしまいました。

私は親の敷いたレールに乗らず、自分自身で決めた道を選んだため、力がついて挫折したときでも何とか自助努力で助かったとつくづく思っています。もし自分で決めた仕事でなければ、社会情勢により経営状態が思わしくなくなったときに、自殺をしてしまっていたかもしれません。

自分で決めた道だから、つらい状況に追い込まれても乗り越えようと前向きでいられるのです。

人は、自分自身で選ぶという経験を積み重ねておかないと、いざ目の前に壁が立ちはだかったときに、何もできなくなってしまいます。

有名な大学に行って、大企業の社員や公務員になればずっと安泰だと考えている人もいまだにいますが、それは世の中で大きな変化が何も起こらなかったらの話です。

だいたい世の中では、バブル崩壊、就職氷河期、リーマンショック、東日本大震災、新型コロナウイルス……と、10年に1回以上は災害や不景気など大きな出来事が起こります。

そのたびに、人に言われたことだけをやってきた人間や、まわりの人の手助けを当たり前としてきた人間は、「苦しいときこそチャンスが訪れる」ことを知らずに過ごしてしまいます。

自力でピンチを乗り越えることができないのです。ですから、子どもが将来、何度も訪れるはずのピンチでも自力で乗り越えるために、自分の選んだ道で多くの人の役に立つためにも、**「過干渉は禁物」**だと覚えておいてください。

23 「がんばりすぎなくてもいいんだよ」を疑おう

最近では、「がんばりすぎなくてもいい」「つらいことがあったら逃げてもいい」といった言葉がよく聞かれるようになりました。

昭和のスポ根式教育の反動でもあるのでしょうが、こうした言葉に踊らされて、子どもの挑戦を途中で止めてしまう親がいるのも事実です。

資本主義の社会では、世の中で起こっている風潮の裏で必ずもうけている人がいます。これは、誰かがもうけるためにその風潮が起きているということです。

今の「がんばりすぎなくてもいい」という耳触りのいい流行り言葉も、カウンセラーや医薬品会社、あるいは自己啓発系のメディアにとっては都合のいい言葉になっているはずです。人間は誰でもラクをしたい生きものですから、多くの人がその言葉を求め、言われれば納得し、お金を払うことでしょう。

それが悪いというわけではなく、資本主義の世の中とはそういうものなのです。

もし、この「がんばりすぎなくてもいい」という言葉をそのまま受け止めて生きてしまうと、人は自分で決めたことに責任をとらなくてもいいことになってしまいます。

もうひとふんばりすれば、まわりに迷惑をかけることもなく、ピンチを乗り越えることができるという場面でも、そのもうひとふんばりができなくなってしまいます。

ただもちろん、命を脅かすほどのがんばりすぎはよくありません。体調を壊すようなリスクからは、子どもを守るべきです。子どもの心が不安定になり、不登校やリストカットといった行動を見せるようなストレスをためているときには、がんばらせる必要はありません。そのような場合には愛情をしっかり注ぐことが大切です。

でも、自分で決める、責任を負うという経験は子どもにとってはとても重要なことです。大人から見たら「失敗する」とわかっていても、本人がやりたいということであれば、やらせてみることが必要です。失敗してもがんばってやりとげるという経験が、本当にいざというときにピンチを乗り越える力に変わっていくからです。

24 親が勉強を教えるのはNG!

子どもが家庭学習をするときに、勉強を教えようとする親も多くいます。子どもが宿題などをやっていてわからないことが出てきたときに、たまに一緒に考える程度ならいいのですが、ルーティンのように親が子どもを教えるのは悪影響を及ぼすので、やめたほうがよいでしょう。

親が勉強を教えようとすると、どうしても「公式に当てはめればいいんだよ」と形にはまった解法だけを教えたり、参考書に書いてあることをそのまま読んだりしてしまいます。ヘタをすれば、本人が考える前に答えを教えてしまう親もいます。教えるための研修を受けていないので、その問題を解くために知っておくべき基礎知識や考え方までさかのぼって説明し、本人が理解して問題を解けるようにすることができないのです。

受験勉強においても、親が子どもに勉強を教えようとすると、過去問を解かせてその解説をするだけの学習になりがちです。過去問の傾向を分析して、解くためのテクニックだけを教えて終わりとなってしまうと、子どもには本物の学力が身につきません。

英検でも、過去問に頼って勉強して3級をとった生徒たちの勉強を見てみると、中学で習う文法をほとんど理解できていないということが多々あります。

ただ**英検3級取得という肩書きができただけで、中身は空っぽ**なのです。

どんな学問にも、ストーリーがあります。

英語なら、なぜ動詞がｂｅ動詞と一般動詞に分かれているのかを理解したうえで、さまざまな文法に発展していきます。根本的な部分の理解ができていなければ、次のステップの問題を理解することはできません。

勉強を教えるプロであれば、生徒がつまずいているとき、どこで理解が止まっているのかを見極めながら、ときに基礎に立ち返らせることができます。予習させるにしても、その学問が次にどのように発展していくかわかっているので、何を優先的に学んでいくか、的確に選ぶことができます。

しかしそういう研修を受けていない親が教えてしまうと、ただ丸がもらえればいいというその場限りの指導になってしまい、学問にならないのです。しかも、その場で丸をもらえればいいだけになってしまうと、**学問のおもしろさにまったく気づけなくなります。**おもしろくないと思いながら勉強していても、学力が伸びるわけがありません。

また、そのように親がいつも勉強を教えていると、子どもは学校でわからないことがあっても**「家へ帰って親に聞けばいいや」**と、その場で解決する力を失っていきます。そして、先生の言葉が耳に入っていかなくなります。子どもが親の学習指導に頼りっきりになってしまうと、親のほうも**「学校の先生はダメだ」**という感覚になっていきます。その感覚は子どもにも伝わり、ますます先生の言葉が耳に入らなくなるという悪循環を生み出してしまいます。

親が子どもに勉強を教えることを、100パーセント否定するわけではありませんが、たいていの子どもは親と勉強しても楽しくはありません。親子だからこそちょっとした言葉や態度が気になって、勉強を教えているはずがいつのまにか説教になっていたり、ケンカになっていたりということは、多くの家庭でよくあることです。

もし楽しくできていたとしても、学校を否定されると、子どもは家で親に助けてもらえる状態でしか、勉強しなくなっていきます。

子どもの学力を伸ばしたければ、親は勉強を教えるのではなく、学校や塾の先生の言葉をしっかり聞けるような姿勢をつくってあげることが重要です。先生たちの欠陥をあげつらうようなことをせず、信頼して頼る姿勢を、親が見せておけばよいのです。

ただし、親がつい先生の批判をしてしまうのには、先生のほうにも責任はあると思います。授業がグダグダで板書の字も汚い。プリントも大人の目で見てもわかりづらい。そういう先生がいるのも事実です。親に「ハズレだな」と思われないような努力は、先生側にも必要です。そこは私も常に気にしています。

25 放任主義も考えもの

過干渉は子どもが社会で生きていく力を奪いますが、ではすべてを本人次第にして放任すればいいのかというと、それも違います。

社会に出たらルールを守って生きていかなくてはなりませんから、一人の人間として教えるべきことは教えることが必要です。本当に力のつく子どもは、社会で生きる人間としてダメなことはダメと徹底的に教えられながらも、やりたいことは本人の自由にさせているという家庭で育っています。

世の中には、行きすぎた放任主義の結果、子どもが警察や児童相談所のお世話になるというケースがたくさんあります。

そういう子どもを見ていると、親が子育てを最初から放棄しているケースと、子どもの自由にさせすぎた結果、手に負えなくなって何も言えなくなってしまったケースとの2パターンがあります。

子育てを放棄する親はそもそも本人自身にさまざまな問題がありますが、子どものためと思って自由にさせすぎてしまうのも、リスクをはらんでいるのです。

ですから、子どもを一人の人間として見て、社会に出たときに責任ある行動をとれるように導いていくことだけは、手を抜いてはいけません。

そして、人として成長できた場面では必ずほめるようにしてください。がんばったらほめてもらえる、だからまたがんばれる。子どもはそうやって親の愛情を感じながら成長していきます。大人のようにはできていなくても、子どもがひとつ何かをできるようになったら、ほめてあげましょう。

また、子どもの学習に関しては、親が干渉しなくても自ら机に向かうというのが、みなさんの理想だと思います。ただ子どもがそうでないから「勉強しろ」と干渉せざるを得ないのでしょうが、子どもが自然に勉強するようになるコツはあります。

それは、**親が向上心を持ち、学び続ける姿勢を持つということ**です。

といっても、資格や語学など、いわゆる「勉強」をしろと言っているわけではありません。もちろんそれもいいのですが、もっと小さなことからチャレンジしてもいいのです。たとえば、プロフェッショナルの人たちの考え方を学べるテレビ番組を見る。ＹｏｕＴｕｂｅで注目されているコンテンツにアンテナを立てる。世界で名作と言われる映画作品をいろいろ見てみる。そんなことでもかまいません。子どもは、親がワクワクしながら何かに取り組んでいる姿を見ることで、感化されていくものです。

子どもは親を見て育ちますから、**親に向上心や学ぶ姿勢がなければ、子どもが自然に学ぶことはありません。親自身がキャリアアップを目指そうと努力したり、興味を持ったことを深く学んだりと、人間として成長する姿を見せている家庭では、子どもは自然に学ぶ姿勢を身につけていきます。**

第4章

親がやるべき環境設定

みなさんが抱えている、子どもの教育に関する悩みを解決するためには、家庭でどのような環境設定をするかがポイントとなります。

学校や塾でどんなにいい先生に教えられていても、毎日を過ごす家庭の環境によって、その指導効果には差が出てしまいます。評判のいい塾に通わせているのに結果が出ないから、また別の塾を探そうといくらがんばっても、日常の環境が変わらなければ、どこへ行っても結果は同じです。高いお金を払えば何とかなるわけでもありません。

自ら学び、努力を積み重ねて成長していく子どもの家庭では、環境設定がとてもうまくできています。ここでは第3章でお伝えした親子の距離感の他に、親が意識してつくっておきたい環境について、お伝えしていきましょう。

26 親の生き方以外の選択肢があることを伝えよう

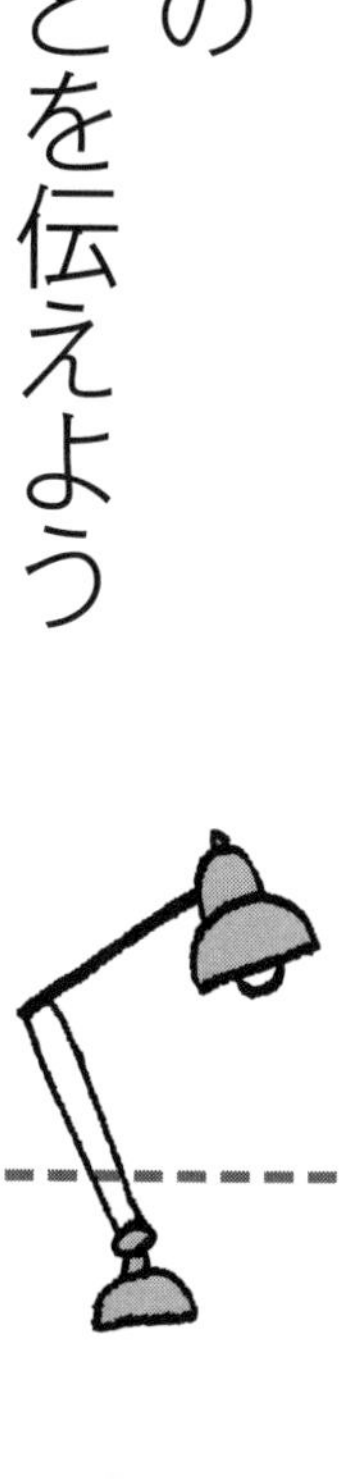

子どもは親の価値観に影響を受け、親の背中を見て育っていきます。

親がどのように生きているかが、子どもの生き方にもある程度影響していくのです。

昨今では「子どもの貧困」が注目され、貧困世帯で育った子どもに貧困がまた引き継がれていく「貧困の連鎖」が問題視されています。

貧困の連鎖が起こる理由は、ただ経済的な制限があるゆえにじゅうぶんな教育が受けられず、学歴を得られないために貧困が引き継がれるということだけではありません。

子どもにとっては親の生き方が社会における「普通」なのだと刷り込まれることが、貧困を連鎖させる一因になっているのです。

他にも、公務員の子どもであれば公務員という職業がもっとも安定してベストなものだと刷り込まれやすかったり、経営者の子どもであれば将来的に事業を引き継いだり、自分で何か事業を起こすことを意識させられたりなど、子どもは親の生き方に多かれ少なかれ影響を受けて育ちます。

ですから親は、**自分の生き方が子どもに影響を与えているということを自覚しておくこと**が必要です。子どもの人生は子ども自身が決めることですが、その選択肢にできるだけかたよりがないように、多様な世界を見せてあげることが、子どもに本当の意味で自立してもらうためのポイントとなります。

子どもに多様な世界を見せるためにできることは、さまざまあります。

ただその前に、親には「自分の生き方がすべてではない」という認識を持ってほしいと思います。たとえば、テレビなどを見ながら日常会話として、

「公務員になる人は勉強しかしてこなかったから、会社に入ったら使えない」

「若手起業家ってうさんくさいよね」

など、他人の生き方を見下すような発言をしていないかを振り返ってみてください。

自分が体験していない業種や働き方をしている人を、このようにネガティブに批判して

しまう人は多くいます。

中には、自分がつけなかった仕事や、できなかったチャレンジをしている人への嫉妬心があるのかもしれません。

あるいは、自分の生き方がもっとも素晴らしいと思い込みたいという人もいるでしょう。

ただ、こうしたひと言が、子どもを混乱におとしいれ、他人を評価するような目線を持たせてしまうことにつながっていきます。

食わず嫌いとでも言うのか、新しいことに挑戦したいという意欲を低下させ、将来の選択肢をせばめていってしまうことを、認識しておいていただきたいのです。

27 親が自己反省をできるかどうかも重要

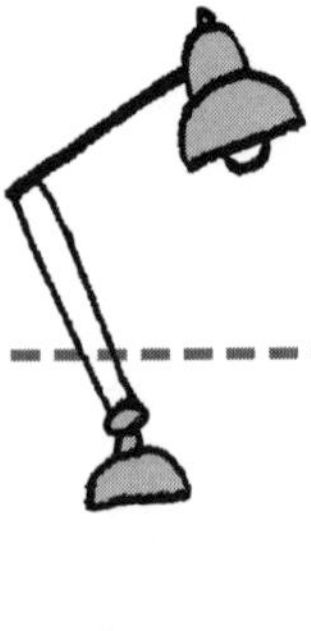

親の生き方が子どもに影響を与えるのは、職業選択においてだけではありません。もっとも身近にいる大人である親が、自分自身の人生をどのような姿勢で生きているかは、子どもの「生きる姿勢」に影響を与えています。

何か嫌なことや困ったことが起こったときに、それをすぐ他人や社会のせいにしていないか。自分自身が成長することをあきらめてはいないか。親がそういったことを自問自答しながら生きているか、ということも重要なことなのです。

たとえば夫婦ゲンカをしたとき、子どもに「お父さんはたいして稼いでもいないのに偉そうにしている」「お母さんは短気で自分勝手だ」など、互いの悪口を聞かせてしまうと、子どもは他人の陰口をたたくことが当たり前になっていきます。家の中で困り事が起こったとき、「お父さんのせいで」など相手が悪いように言えば、子どもは何でも他人のせいにするようになります。夫婦ゲンカをしてしまうのはしかたがないことですが、そのときに「自分にも悪いところがあったかも」と反省する姿を見せられるかどうかが、子どもの生き方を変えていくのです。

ビジネスの世界では、相手のことをリスペクトしながら、自分の意見を通していくことが必要です。他人に敬意を払えなければ、人に信頼される仕事はできません。子どもが他人を敬う人間になるかどうかは、親が夫婦ゲンカのような場面で「相手にも事情や言い分がある」という姿勢を持てるかどうかに影響されていきます。

感情的になっているときには難しいかもしれませんが、冷静になったときには自己反省をし、**相手への敬意を示せるような後ろ姿を子どもに見せられるように**、習慣化しておくとよいでしょう。

また、**親自身もまだ成長過程であるという意識を持つことも大切**です。

今が完成像ではなく、5年先、10年先、20年先に向けてどうなっていたいかビジョンを持ち、努力をしていること。その努力を生き生きと楽しむこと。そういう姿を見て育っている子どもは、成長する意欲を強く持っています。

次はこれをやりたい、あれができるようになりたいと次々に目標を立てられるのです。ちなみに、家族以外に子どもに影響を与えうる存在としては学校の先生もいます。子どもが普段から接する大人の一人として、私は学校の先生にも夢や目標を持って生きていてほしいと思っています。

教師になれたから後は毎年ルーティンを繰り返して生きていくだけ……ではなく、先生自身が目標を持って生きる姿を子どもに見せてほしいと思います。先生に夢や次の目標がないのに、子どもに「夢を持って生きなさい」「目標意識を持ちなさい」と言うのは、矛盾しているように感じるのです。

28 親は恋のキューピッドの役割を果たそう

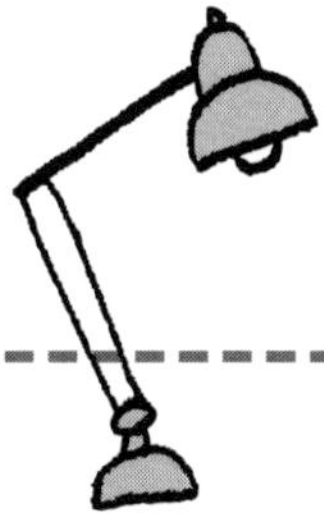

子どもに親の生き方以外の広い世界を見せてやるには、まず親自身がさまざまな人や物事を知ること、あるいは興味を持つことが必要です。それができれば、子どもにさまざまな世界を見せることができるようになります。親は恋のキューピッドのように、子どもと多様な世界をつなぐ役割を果たしていきましょう。

そのためには、まずは**親自身が多様な人、多様な世界を知ること、それを受け止める寛容さを持つことが肝心です。**

たとえば学校とのつきあい方においても、親が担任の先生の考え方を頭から否定するような態度になっていると、子どもが多様な考え方を受け入れることができなくなってしままいます。

もちろん担任に不満を抱くような場面もあるでしょうが、そういうときには担任以外の先生に考えを聞くなど、もう一歩視野を広げてみるとよいでしょう。

親が自分一人で教育を抱え込むと、子どもの世界はずっと狭いままになってしまいます。そうではなく、第三者に任せる場面ではゆだね、より広い世界を見せてやることが、子どもの成長につながっていくのです。

人はつい、自分と気が合う相手とだけつきあったり、居心地のよい場所だけにとどまったりしてしまいたくなるものです。また、親であれば子どもをいつまでも手元に置いておきたいと思ってしまうのもわかります。

でもそれでは、子どもの世界は広がっていきません。

自分の価値観だけでなく多様な人の考え方を認めながら、子どもに触れさせていくことが、親にできる教育です。今のわが子が、この人の考え方に触れたらどんな反応があるだろうか。わが子がこの世界を見たら、どのように価値観が広がっていくだろうか。

そんなふうにワクワクしながら、子どもをさまざまな人、さまざまな世界につないでいきましょう。親自身が外の世界に興味を持ち、信用し、「この子とつながったら素敵なことが起こるかも！」とキューピッド役としてつないであげるのです。

これも、小さなことからでかまわないのです。美術館や映画館、キャンプに連れて行く。地域のイベントに参加させてみる。おもしろい大人に出会ったら、子どもに会わせてみる。大人向けのセミナーや講演会につれていったっていいのです。

仕事でも、多様な価値観が混ざり合うことは重要です。

意見の合う人同士だけで議論をしていては、違う角度から物事を見て改善策を見いだしたり、新しいアイデアを生み出したりすることは難しくなります。

ヘタをすれば、意見の合わない上司の悪口や仕事の愚痴を言い合うだけの毎日になっていきます。

成長したいのであれば、自分とは違う意見や価値観を持った人の言葉に耳を傾けなくてはなりません。

自分の考え方に、まったく違う価値観をドッキングさせていくことで、イノベーションが生まれることも多々あるのです。

子どもがいつか自分自身で**「ここに身を置いたら成長できそうだ」と環境設定できるようになる**まで、親は多様な世界を見せてあげましょう。

29 芸術に触れることで、他人の感情を学ぶ

映画や芝居、絵画などの芸術に触れさせることも、子どもの世界を広げることにつながります。

人はどのようなときに悲しみやよろこびを感じるのか。その感情をどのように表現するのか。芸術はそうした人の心の動きや表現方法を学ばせてくれます。

たとえば、人は悲しいときに笑ってしまうこともあります。映画や芝居などではそういう表現をじっくりと見ることができます。

気持ちとは裏腹な表現をしてしまうこともあると気がつけば、他人とかかわるときに相手の感情を上手にくみ取れるようになっていきます。

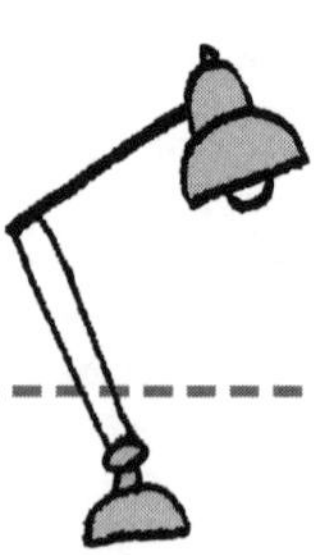

過酷な状況でも前向きに生きていく主人公を描いた作品を見れば、自分がつらいとき、どのように前向きな気持ちを持てばいいかヒントを得られます。

美術館に行けば、絵画の横には画家がどのような状況でその作品を手がけたかが解説されています。描かれた背景を知ったうえで絵を見ると、**作家の思いを感じ取ろうという気持ち**が働きます。

ただ、簡単に敵を殺したり町をつくったりできるゲームでは、その過程で人の心がどう動いたのか、人がどのように努力して物事が完成していくのかを感じ取ることができません。

大切なのは作品の背景やプロセスです。

背景やプロセスを示してくれる作品に触れながら感受性を磨いていくことが、他人とかかわりながら豊かに生きていくことにつながっていくのです。

また、**子どもには歴史を教えていくことも重要**です。

中でも戦争について知ってもらうことは最重要だと思います。

生きたくても生きられない子どもがたくさんいたこと、国のために命を落とす覚悟を持って生きた人がいたということ。

こうした話は、今の社会を考えるときにも大きなヒントになります。

日本にも、生きたくても生きられなかった子どもはまだいますし、世界には国や組織のために他人や自分の命を捧げることに疑問を持たない人もいます。

その賛否については、それぞれが考えればよいことです。

ただ、歴史の中からそれを経験した人たちの気持ちを読み解き、自分なりの考えを持っていくことが重要なのです。

私の塾でも、特攻隊の人が書いた手紙を朗読したり、映画『火垂るの墓』を観たりして、話し合う機会を設けています。

その時代の同世代の子たちの考えと、今の自分たちの考えがどのように違うのか。当時の子どもは、どんな背景があってそんなふうに考えるようになったのか。

このように考えていくことで、子どもたちは「他者を理解する力」を伸ばしていきます。

『火垂るの墓』でも、主人公のきょうだいに冷たく当たっているように見える親戚のおばちゃんを、多くの人は「ひどい」と感じると思います。

でも、視点を変えてみたらどうか。

そのおばちゃんの立場に立ってみたら、暮らしに余裕のない状態で親戚の子どもを2人預からなければいけない大変さに気がつくはずです。

意地悪をしたくてしているのではなく、そうせざるを得ない状況がそこにあり、おばちゃんも心の中では泣いているのではないか……。

そんなふうに想像していくことで、子どもたちは社会の中で、他人とどう支え合って生きていけばいいのかを学んでいきます。

戦争や政治的なもの、あるいは性的な表現や恋愛を扱った作品に対して、タブー視して子どもに見せないという親も世の中にはいます。

でも、それをタブーとみなすのは親の価値観でしかありません。

子ども自身が拒否するなら見せる必要はありませんが、大人の価値観で子どもが見られる世界を制限してしまうのは、子どものためになりません。

人の心の機微を知り、自分自身の感情と向き合い、表現するすべを学ぶためにも、芸術に触れる機会を増やしていきましょう。

30 他人と行動するアクティビティは大きな成長のチャンス

私の学習塾では、ときどき子どもたちを外に遊びに連れ出します。フィールドアスレチックや遊園地などに連れて行き、そのときには「全員が楽しめる」ために自分が何をすべきかを意識してもらうようにしています。

たとえば遊園地には、小学校低学年の子では乗れないコースターもあります。そのときに高学年の子たちには自分たちさえコースターで楽しめればいいのか、考えてもらいます。みんなで食事をとるときには、なかなか輪に入れず孤立してしまう子もいます。そんなときには他の子たちに「何も感じないのか」と問いかけます。

当日来られなかった子たちのためには、お金を渡してお土産を買ってもらいます。どんなお土産をもらったらうれしいのかを考えてもらうためです。

他人のために動く役割を与えることによって、子どもたちは人の気持ちを感じ取り、人によろこばれるためには何をすればいいのかを自らの頭で考えるようになっていきます。

また、楽しいことの裏には、楽しませようと努力した人がいるということを知っていきます。

このように、他人と行動するアクティビティを用意することも、子どもたちの視野を広げる大切な環境設定です。

地域の交流イベントや、さまざまな企業や団体が主催する子ども向けの宿泊イベントなど、探せばたくさん出てくるはずです。

こうした機会を得て、たくさんの子たちと交流することで、子どもは他人の感情に敏感になっていきます。

人に迷惑をかけたり悲しい思いをさせたりしたらあやまる、誰かに何かをしてもらったら感謝をする。「ごめんなさい」「ありがとう」の気持ちが自然に持てるようになると、大人になったときに円滑な人間関係を築くことができます。

勉強机にがんじがらめにされて、他人とかかわる機会がほとんど与えられない子どもは、自分が苦しいときにどうやって助けを求めたらいいかわからなくなったり、人を無意識に傷つけたりしてしまいます。

感謝や謝罪がうまくできず、周囲から人が離れていってしまいます。

いくら勉強ができても、仕事をうまくまわせなくなり、評価されなくなっていきます。

人をよろこばせるために自分の頭で考えて行動するということは、そのままビジネスにも直結していきます。

世の中のすべての仕事は、人の役に立つから存在しています。

誰にもよろこばれない仕事では、お金をもらうことはできません。

これからは個の力が試される時代です。ただ会社に入って言われたことをやるという生き方は、通用しなくなっていきます。

何をしたら人がよろこぶのかを考えられる力が必要不可欠になっていくのです。

そんな力を身につけてもらうためにも、子どもが他者とかかわる機会をたくさんつくってあげるようにしてください。

31 本物に触れさせることで情報量も変わる

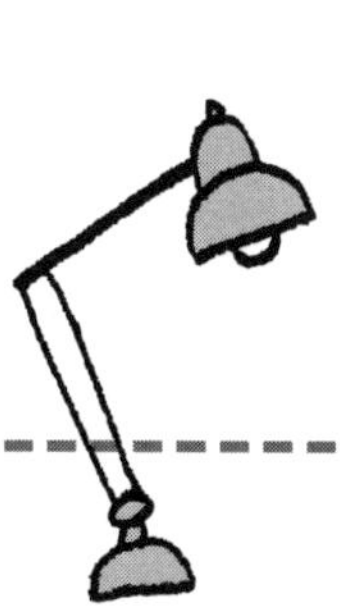

社会をうまく生きていくためには、多くの情報を得て、そこから自分なりの判断をする力も欠かせません。同じ情報でも、ネットや本から得られるものでなく、リアルに体験して得たもののほうが、より頭に入りやすく、理解を深め、考えるヒントを与えてくれます。

学習においても、授業や教科書だけで物事を学ぶより、実際にそのものを見たり、体験した人から話を聞いたりするほうが何十倍も理解が深まり、興味を持って取り組めます。

たとえば地理。単に教科書や地図帳を見ていただけでは覚えられなかった都道府県も、その地へ足を運んでさまざまなものを見たり、人と出会ったりするとすんなり頭に入ってきます。どこに何があるか、行ったこともなく興味が持てなければ、地理の勉強はただの暗記作業にすぎません。

しかし、美しい景色を見たり、おもしろい人と出会ったり、感情を伴う経験ができれば、暗記は不要になります。そしてもっと知りたいという意欲につながっていきます。

親が子どものためにできる最高の「環境設定」とは、このように「本物を見させる」ことです。リアルな情報にたくさん触れさせるのです。さまざまな人と出会うきっかけをつくり、さまざまな地に連れて行き、たくさんの経験をさせてあげることが、学力を伸ばし、社会で必要とされる力を伸ばすことにつながっていきます。

人は、情報がなければ夢や目標を持つことはできません。世の中にどんな仕事があるのか知らなければ、職業を選ぶこともできません。どんな学校があるのか知らなければ、進学先も選べません。情報をたくさん得た中で、自分がベストだと思う道を見つけることが、夢や目標を設定するということなのです。そして、夢や目標を達成するために何をすればいいか考えるためにも、情報は必要です。

子どもにリアルな情報を与えるためには、もちろん大人も普段からいろいろな情報を得る努力が必要です。私も子どもたちとかかわる立場として、また経営者として、普段から多くの人に出会い、多くのものを見て、知らなかった世界に触れる努力をしています。

第5章

「本物との出会い」が子どもを育てる

前章で述べたとおり、子どもに力をつけるためには、本物を見てもらうことが重要です。その中でも、人との出会い、かかわりはもっとも子どもを大きく成長させてくれます。親が子どもにしてあげられる最高の環境設定は、本物と言える人たちにどんどん会わせてあげることです。子どもは親を含めたくさんの大人たちの姿を見て育っていきますが、どんな大人を見てきたかによって、将来の目標の定め方や学ぶモチベーションが大きく変わってきます。ですから、その道を究めた、本物と言える人たちの姿をいかに見せてあげられるかが重要なのです。

中途半端な大人しかまわりにいなければ、「大人になってもこんなもんだろう」という感覚で子どもは育っていきます。しかし、キラキラと情熱的に生き、自分のやるべきことを極めた大人たちの姿を見ることで「いつかこんなふうになりたい」と少しずつ自分の目標を高く持ち始めることができるようになるのです。本章では、この「本物の出会い」について さらに詳しくお伝えしていきます。

32 今いる集団のトップしか見えていない子どもたち

子どもたちにとって、世界はとても狭いものです。家庭、学校、塾や習い事という限られた社会の中しか、子どもたちはまだ知りません。地域活動などがすたれてきている今では、近所の大人たちとのかかわりすらありませんから、普段さまざまな年代の人とかかわることはなく、身近な大人といえば家族か先生くらいしか知りません。

そのような狭い世界の中で、子どもは身近な大人の背中を見て育っていきます。しかし学校や塾の中で先生と呼ばれる人たちは、勉強を教えることはできても、人生にもっと必要なさまざまなことを教えられているかというと、そうではありません。

学校や塾の先生たちは、「先生」と呼ばれているため、生徒からすれば人間としてとても偉い人のように見えるかもしれません。自分のクラスの担任、塾の教室の先生などは、その狭い集団のトップにいるわけですから、子どもたちにとっては絶対的な存在です。先生たちもそれに慣れてしまって、**自分の価値観や世界観が絶対のように思えてしまっているかもしれません。**ですが、先生たちが人生において本当に大切なことを教えてくれる人かどうかと考えると、必ずしもそうではないのです。

先生たちのほとんどは学歴が高く、人生において大きな失敗をした経験を持っていません。そのような先生たちには、子どもたちがいつか大きな壁にぶつかったとき、大きな失敗をしたとき、どのように乗り越えればよいのかを教えることはできません。教育とは「教え、育てる」ことですが、勉強を教えるほうは得意でも、育てることに秀でている先生というのは少ないのが現状なのです。

また、**特に塾というのは、成績のよい子のほうが大切にされる世界**です。塾のポスターやチラシなどには、合格実績として東京大学や慶應大学、早稲田大学などは大きく表示されますが、その他の大学については小さな文字でしか書かれません。本当に「その他」と書いている塾もあります。

このように、生徒たちの通う学校を「その他」呼ばわりするような価値観で、教壇に立っ

ている先生たちも多いのです。

たとえ学校や塾の中で成績が優秀で、先生にもよくほめられていたような子でも、人生においてて成績よりももっと大切なことを教わっていない子どもたちは大勢います。彼らは、社会人になって壁にぶつかったとき、すぐにつぶれてしまいます。自分の教室のトップに立つ先生にほめられてきたからといって、社会で人の役に立ち活躍できる人間に育っているかといったら、必ずしもそうではないのです。

33 先生の価値観だけが絶対と思わせないように

多くの学校の先生、塾の先生たちは、偏差値の高いところへ進学して、大企業に入ることや公務員になることが、誰にとっても最善の人生だと思い込んでいます。

しかし、そのような考え方に子どもたちが染まってしまうと、子どもたちの人生の選択肢を大きくせばめ、ときには社会で人のために役立とうという意欲を消失させていきます。

たとえば、子どもが**YouTuberやプロゲーマーになりたい**と言ってきたとき、多くの先生たちはきっと止めるはずです。

ミュージシャンになりたいと言っても「そんなに甘くない、勉強しなさい」と一蹴するでしょう。ほとんどの先生たちは、雇用されない働き方を知らず、現代社会で新しく出て

きた職業にも理解が及びません。

このように子どもたちにとって絶対的な存在である先生に夢や目標を否定されれば、子どもたちは自由に夢を語ることをしなくなっていきます。

そして、次第に「大学を出て、大きな企業に入るのが正しい道なんだ」と思うようになっていきます。

なぜその企業で働きたいのか、そこで何をしたいのか、将来どうなっていきたいのかというイメージも持てないままに、大人になっていくのです。

あるいは、受験や就職でうまくいかず、自己評価をどんどん下げていく子もいるでしょう。

日本ではずっと、他人に決められたことしかできないサラリーマンを量産していますが、それはこのような教育現場の大人たちのせいだとも言えるでしょう。

私の知り合いでも、東京大学を出て大手企業に勤め始めた人がいます。

その彼と話したときに言っていたのが、「会社が今後どうなるかはわからないですよね」という不安そうな言葉でした。

その言葉を聞いて私は、安定した企業に勤めるために勉強して、会社がつぶれない限りその安定に40年もしがみついていなければならないのか……と、少し悲しくなりました。

親や学校、塾の先生たちの価値観どおりに一生懸命勉強して大企業に入っても、彼にとってそれが最善の道だったのか、本当にやりたいことだったのかと考えると、私はどうしてもスッキリした気持ちになれないのです。

子どもたちが進むべき道は、子どもたち自身が選ぶべきです。

そして、その選択肢をいろいろ見せてあげるのが大人の役割です。

親の言うことが絶対だ、先生の言うことが正しいんだ、というだけでは、子どもたちにじゅうぶんな選択肢を見せているとは言えません。

それ以外の大人のロールモデルをもっと見せていかなくては、子どもたちは自由に自分の道を選択していくことはできません。

世の中には、おもしろい生き方をしている人たちがたくさんいます。

たとえば、ホームレス小谷さんという人。

お笑いコンビ・キングコングの西野亮廣さんがイベントや著書の中でよく紹介しているのですが、彼はホームレスながらお金に困らない生活をしているというのです。

彼は1日50円で「何でもします」と自分の1日を売って生活しています。50円で庭の草むしりなどの仕事をこなすのですが、すごく懸命にやるのだそうです。

だから、頼んだ人の心に感謝の気持ちがわいて、食事を出してくれたり、お酒をおごってくれたりなど、よくしてもらえるわけです。

毎日そうやって50円で一生懸命に仕事をするので、彼が自ら「何かしたい」と思ったときには、たくさんの応援団がついている状態になっています。

それで「結婚式がしたい」とクラウドファンディングをしたときには、すぐに２５０万円が集まったのだそうです。ホームレスでも、立派な結婚式が挙げられたわけです。

彼の生き方からは、お金というのは「信用」「信頼」と引き換えにもらえるものだということがわかります。

人を蹴落としてでも自分の地位を守ろうと生きてきた人や、自分さえよければいいと他人に無関心で生きてきた人たちは、いざとなったときに誰にも助けてもらえません。

今の不安定な世の中で、どのような生き方をすれば幸せになれるのか、彼の話からは大きなヒントが得られるのではないでしょうか。

親にお願いをしたいのは、先生とはまったく違った生き方をしているさまざまな人をできるだけたくさん見せてあげてほしいということです。たくさんの大人たちを見て、話を聞き、かかわる中で、子どもたちは自分なりの考え方を身につけるようになります。

34

経営者から子どもが学べることは数知れず

大人の中には、**「子どもはまだ政治や経済について知らなくてもいい、目の前の勉強をすることが大切」**と考えている人たちもいます。そういう大人に出会うと、私はいつも「どうしてだろう?」と思います。

今は情報社会と言われる世の中です。情報をたくさん持ち、その中で取捨選択できる人たちが成功していく時代です。みんなと同じように目の前の勉強だけやっていては、高度成長期時代と何ら変わらない生き方しかできません。全員、他人の言うとおりに働くロボットのようなサラリーマンになっていくだけです。世界の企業と比べて、日本の企業はイノベーション創出に出遅れているとも言われています。日本の優秀な人材はどんどん海外へ

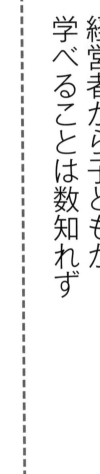

流れていっています。果たして、それでいいのでしょうか。

といっても、学校や家庭で社会のことをじゅうぶんに教えるのは難しいでしょう。それならば、**一流の経営者たちから学ぶきっかけ**をつくってあげればよいのです。

経営者たちがどのように社会を見ていて、どのようにお金を稼いでいるのか。どのようなマインドで仕事をしているのか。どのように物事の優先順位を決めているのか。そういったことを早くから学ぶことで、子どもたちが今すぐに活かせることもたくさんあります。

たとえばスケジュール管理なら、学校では時間割が決められていますし、宿題の提出日も決められています。テストの日程も決められています。子どもたち自身が決めるスケジュールと言えば、提出日に間に合うようにどうやって宿題をこなしていくか、テスト勉強をどうやって進めていくかくらいです。**1カ月以上先のスケジュールを自分で決めていくという経験は、ほとんどありません。**

でも、経営者のスケジュール管理は、もっと長いスパンで行われています。**日々のスケジュールを重視するのではなく、年間スケジュール、中間スケジュールが決められていて、そこに向かって毎日動いています。年間の大きな目標に向かって、月のスケジュールや日々のスケジュールが調整されていくのです。**

多くの子どもたちが行っているスケジュール管理はこれとは逆で、日々何をすべきかにフォーカスされてしまっています。すると、何のために今日これをやらなければいけないのか、根本的な理解がないまま毎日が過ぎていきます。結果、将来は他人が決めたスケジュールでしか動けない大人ができあがっていくのです。

しかし学校を中心としたものの考え方から離れて、経営者たちが経験の中から生み出した法則に目を向ければ、子どもたちが学べることはたくさんあります。経営者たちの話を聞くことができるセミナーなどのイベントもたくさんありますし、ＹｏｕＴｕｂｅやＳＮＳを使って情報を発信している経営者もたくさんいます。『夢をかなえるゾウ』（水野敬也著、飛鳥新社）などの啓発本を読んでみるのもよいでしょう。

さまざまなコンテンツをぜひ積極的に活用して、子どもたちに早くから社会に出たときに生きる、本物の知恵を授けてみてください。

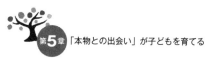

35 学校は成功者たちの法則とは無関係に動く

経営者たちから学べる物事としては、優先順位のつけ方もあります。経営者は重要なものと緊急なものとを区別して考えます。そのうえで、緊急ではないが重要なものを最優先にして動きます。これができなければ、重要ではないのに緊急なものばかりに忙殺されてしまい、目標を達成できなくなってしまうからです。

この優先順位のつけ方については、世界で30年もの間ベストセラーとなっている、スティーブン・R・コヴィー著『7つの習慣』にも記されています。1990年に初版が出されて以来、いまだに多くの人に読まれているということは、ここに書かれている内容が、現代社会を生きるうえでも重要なことだからに他なりません。ただ、学校や塾の先生でこれを読んでいる人はそれほど多くありません。『7つの習慣』だけではなく、ビジネス書を読んでいる先生はあまりいないでしょう。ですから、社会に出たときに本当に生きる知識を教えられないのです。

学校の仕事では、**重要ではないけれど緊急性が高いものが優先**されます。たとえば保護者からのクレーム処理です。クレーム内容にかかわらず、先生たちは保護者対応を最優先に動かねばなりません。このような働き方をしていると、自分の人生にとって本当に重要な物事が何なのかを見失っていきます。

生徒への対応にしても、発達障害やうつ病などが考えられる場合、すぐにカウンセラーに報告・相談するようにと言っている学校が多くあります。カウンセラーの中には学校の先生の話だけ聞いて、すぐに病院で投薬治療を始めるようすすめるという人もいます。しかし、本当に重要なことはその生徒と向き合い、何か壁があるのなら一緒に乗り越えられるようサポートすることのはずです。他の子たちとは何か違う生徒がいたときに、向き合う前に緊急事態としてすぐにカウンセラーや病院にバトンタッチすることではないはずです。

学校ではこのように、重要度や緊急度のバランスがまったく無視された「決まり事」の中で、先生も生徒も生活しています。学校にいる大人たちも、学校の外の一般社会に出たときに成功者たちがどのようなマインドで動いているのか、どのような法則で行動しているのかを知りません。

学校や塾の先生たちは、子どもたちに自分の人生を通して、一般社会での成功法則を見せることができません。学校や塾だけでは、本当の教育はできないのです。

ですから親はできるだけ、成功した経営者の事例を子どもに伝え、「社会で成功している人はどんなマインドを持った人たちなのか」を一緒に考えてみてください。子どもと一緒に『7つの習慣』を読んでもいいでしょう。

36 「本物」は数字に頼らず人の心を動かせる

私が経営する学習塾では、よく生徒や保護者を対象に講演会を行っています。さまざまな生き方をしている「本物」の人たちに話をしてもらうのです。

それは、机の上で教科書やドリルを開くことだけが勉強ではないからです。

今まで講演会でお話をしてもらった方には、ＩＴ業界の優秀な経営者、奈良の大きなお寺のお坊さんや、著書もたくさん出している有名な医師、サッカー選手や学校改革を進めた校長先生、経営コンサルタントなどがいます。

どなたも、学歴や肩書きを重視した生き方ではなく、自分自身を磨き、常に目標を持って行動し、人を魅了している人たちばかりです。

彼らはみな、自分のストーリーをしっかりと語れます。何を大切にしているかを人にハッキリ伝えられます。

ただ、みなさん共通して、一見近寄りがたいオーラも出しています。すぐには打ち解けられなさそうな雰囲気なのです。「本物」の人というのは、どこかそういうオーラを出しているものなのかもしれません。何か普通の人とは違って、近寄りがたいけれどおもしろそう……。

だから講演会で話し始めたとき、100~200人の参加者がみな引き込まれるように話を聞くのです。

あるときには大道芸人にもお話をしてもらいました。芸だけで投げ銭をもらって生活するとはどういうことか、生き生きとしたお話の中から私自身も学ばせてもらいました。

人は心を動かされたときにお金を使います。感動が生まれれば、経済が動くということをあらためて実感することができました。

このように、「本物」の人たちが教えてくれることは数多くあります。

講演会の後には、話を聞いてどう感じたか、何を考えたかを家族で話し合うようにしてもらっています。教科書どおりではない、オリジナルな生き方をしている生身の成功者たちの姿を見てもらい、頭も心も使いながら話を聞いてほしいのです。

私も講演会のたびに学ばせてもらっていますが、子どもたちにも**「本物」の人の話を聞く**中で、自分の生き方を考えていってもらえればと思っています。

さまざまな価値観を知ったうえで、自分で取捨選択できる力を身につけてもらうことが、子どもたちが生きていくうえでとても重要なことだからです。

また、**人は学歴や偏差値だけでは生きていけない**ということは、保護者会でも重視してお伝えしています。普通の塾の保護者会では、大学入試実績や合格率など、データを中心に伝えます。しかし私の塾では、数字などのデータは伝えません。子どもたちにどのように成長してほしいかという思いを中心にお話ししています。表面上の数字で誘導することは簡単ですが、心が動いた結果、この塾を選んでほしいと考えているからです。

以前、大手の進学塾から私の塾に転職してきたスタッフは、こんなことを言っていました。

「普通は、数字を言わないと入塾につながらないですよ。カルチャーショックを受けました」

本物の人たちは、数字などの実績に頼らずとも、自分のストーリーを語って人の心を動かすことができます。私も一歩でもそこに近づきたいという思いで塾を経営していますが、子どもたちにもぜひ、心を動かせる人間に育ってほしいと思っています。

37 本当の稼ぎ方を知り、目標を見つけていく子どもたち

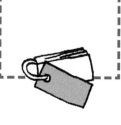

講演会で誰に話していただくか考える際、私が大切にしているのは、**ただお金のために動いている人ではないということ**です。

たとえば、2010年ころから「秒速で1億稼ぐ男」として注目され始めた実業家の与沢翼さん。私は当時の彼には何の興味もありませんでした。

お金を稼ぐことだけに価値があるという考え方をしているように見えたからです。

しかし、数年後に会社が倒産し、さまざまな困難にぶつかった後の与沢さんの話は聞いてみたいと思っています。

一過性のもうけで有頂天になっている人ではなく、過去の失敗を振り返って考え、そこ

から学び、変わった人の話には、多くの学びがあるはずです。

社会や人のためではなく、お金のためだけに動いている会社は長持ちしません。

お金は社会や人にとって必要な物事に流れていきます。人々が何を必要としているのかを感じとり、社会を豊かにするための仕事でなければ、お金はそこに流れてはいきません。

一過性のもうけしかできていない経営者は、社会や人のためになることを考えていないのです。

稼ぐためには、他人の思いを感じ取ったり、人の心を動かしたりする力が必要です。他人が何を必要としているかを考えられなければなりません。

ですから私は、お金のためだけでなく、社会や人が必要とすることを考えて動いている人たちの話を、子どもたちに聞かせたいと思っています。

人生の中で、「あの塾に出会えてよかった」と思える機会をたくさんつくっていきたいのです。

私の生徒の中には、「本物」の人たちと出会ったことをきっかけに、高校生ながらに起業をした子もいます。

勉強の成績はよく、大学受験に向けて入塾をしたのですが、魅力ある大人たちの姿を見て自分がやりたいことを見つけ、親にきちんと伝えて、有名大学合格ではない別の目標に向かってがんばり始めたのです。

こうして、「本物」の人たちとの出会いの中で、子どもたちは自分自身の目標を持つためのさまざまな材料を手に入れます。

たった一人の大人の話が影響力を与えるというよりも、多くの大人たちの話を聞いて手に入れたさまざまな材料を、自分なりに結びつけたり、必要なときに引き出してみたりして、自分なりの判断をしていけるようになるのです。

そして「どう生きたいか」「何をやりたいか」が次第に明確になっていくと、自然に学力も上がっていきます。

なぜなら、学ぶ目的ができるからです。学ぶことに自分なりの意味を見いだせれば、集中力も自己管理能力も必然的に上がり、ぐんぐんと吸収するようになるのです。

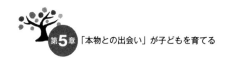

38 成功者たちの裏舞台を見せる

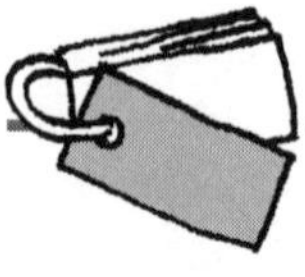

私が講演会で子どもたちに知ってほしいのは、「本物」の人たちの裏側です。何を手がけていて、どれだけ成功したということではなく、そこに至るまでに何があったのか、何を考えどう動いたのかというストーリーです。

成功してお金をもうけた人だから発信力が強いのではなく、自分のストーリーをしっかり持っていて発信する力が強いから、成功してお金を稼いだのだと気づいてほしいのです。

たとえば、キングコングの西野亮廣さんは、自身が制作した絵本『えんとつ町のプペル』を映画化し、ディズニーに勝ちたいと公言しています。

この話を聞いた多くの人は「ムリでしょう」と笑ったのではないでしょうか。

でも、西野さんは本気でディズニーを超えるために、さまざまな準備をしてきました。ディズニーに足りないものを研究し、まずは絵本の全ページを著作権フリーで無料公開。たくさんのクリエイターたちがそれを使ってTシャツやマグカップなどの商品をつくったり、演劇の題材にしたりできるようにしました。

こういう仕掛けを次々に行っているのを見ると、打倒ディズニーも現実になるのではないかと感じます。

西野さんがすごいのは、作品がどうしたら多くの人に伝わるかということを徹底的に考えていることです。発信する方法をさまざまな角度から研究し、熟考しています。

発信できるツールは現代社会にはさまざまありますが、重要なのはそれをどう使うか、何を伝えるかを考えることです。

お金があるから発信できるのではなく、自分のやっていることを発信し続け、人を感動させ、多くの人を動かすことができるから、その結果としてお金が集まってくるのが今の世の中なのです。

最近私が影響を受けた人では、株式会社GHIBLI代表取締役の坪内知佳さん。彼女は名古屋の外国語大学を中退後、20代で山口県に移り住み、シングルマザーとして子育てをしながら会社を起こした人です。

それも、以前にはまったく縁のなかった漁業の世界で、地元の漁師さんたちを束ねながら新たな六次産業を生み出すという、ものすごいことをやっています。

もちろん、漁師さんたちとは何度も激しく衝突するのですが、それを強い信念で乗り越え、事業を成功させてきた坪内さん。2017年には雑誌『日経ビジネス』の「次代を創る100人」にも選ばれています。

他に、堀江貴文さんや橋下徹さんなどの有名人も、今の姿だけでなく、今に至るまでにどんなことをしてきたのかを含めて見てみると、学べることは多いはずです。

茶髪の風雲児と言われる時代があったり、逮捕されたりといった過去があって、その経験を経て彼らがどう変わったのかを見てほしいのです。

成功者たちの今の姿、結果だけを見て「すごいね」と言っているだけでは、何も学ぶことはできません。

チャンスをどう摑んだのか、失敗からどう学んだのかといった裏側のストーリーを見せることで、子どもたちは自分にチャンスが訪れたとき、失敗をしたとき、どう行動すべきかを学んでいくことができます。

39 正しい判断をするためにも、情報の裏を読むべき

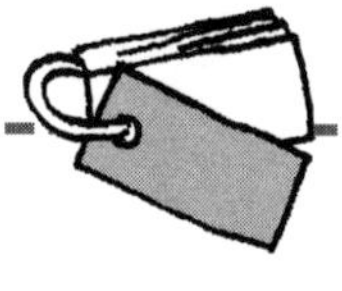

子どもたちに知ってほしいのは、成功した人の本当の姿だけではありません。罪を犯した人、失敗をした人たちの裏側を見せることも重要です。

ネット社会の今は、一方的に他人を悪者に仕立てて批判をするということが日々行われています。２０２０年5月には、女子プロレスラーの木村花さんがネット上でのバッシングを苦に自殺されたことが話題になりました。

あのように無責任に人を追い詰める人間にならないためにも、人の裏側を見るということはとても大切なのです。

一度罪を犯した人だから悪い人だ、失敗したことがあるからダメな人だとレッテルを貼

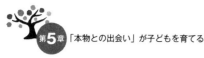

るような考え方をする人は、他人の気持ちや人生に起こりうるさまざまな壁を考えることができていません。

いざ自分が失敗したときには、どう乗り越えたらいいのかわからず、失敗したままで人生が終わっていくでしょう。

昨今しばしば話題になる児童虐待の問題についても、なぜ虐待に至ってしまったのかという背景を読み解くことができなければ、社会問題を解決する力は身につきません。

虐待をした親をバッシングしても事態は何も好転せず、むしろ世間からのバッシングを恐れて、困っている親たちを追い込んで助けを求めることをできなくさせるだけです。

また、世間では、「容疑者」というだけでみんながこぞってその人を犯罪者と決めつけてたたきます。社会科の授業では、「何人（なんぴと）も有罪と宣告されるまでは無罪と推定される」という「推定無罪」について教えられるはずです。ですから容疑者の時点では、まだ無罪です。

それなのに、メディアで「だれそれ容疑者」と報道された人に、世の中の人はいっせいに石を投げつけます。

こんなことを繰り返して、いったい誰が幸せになるのでしょうか？

世界中の情報を簡単に手に入れられる今、情報の裏読みをする力はますます必要になってきています。表面上の情報だけを見て物事を判断してしまうと、後で大きな間違いを引き起こす可能性が出てきます。

つまずいた人、失敗した人からは、その背景に何があったのかを知り、自分なりに考えることが、情報化社会を生きていくうえで必要な力になっていくのです。

ちなみに、私も以前、パトカーに連行されていく姿を塾の生徒や保護者に見せてしまったことがあります。生徒が暴れて外に飛び出していったのを追いかけていたら、私が暴行を加えていると思い込んだ人に通報されて、連行されてしまったのです。

何も事情を知らない人がその様子を見たら「子どもを追い回して危害を加える犯罪者だ！」と思うでしょうから、しかたがないかもしれませんが……。

この出来事も、一歩間違えれば私は町の人や保護者たちから「犯罪者」として扱われることになっていたかもしれません。

「どうして連行されているんだろう」と考えるまでもなく、背景を直接見て知っている生徒や保護者たちは「先生、お疲れ様！」と笑いながら見送ってくれましたが……。

やはり、背景を知るということは、人を見るうえでは大切なことではないでしょうか。

40 誰と出会うかで人の価値観は変わっていく

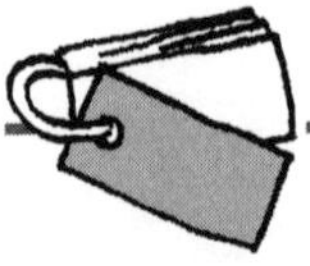

人との出会いや、多様な体験によって、人は社会的に育っていく生きものです。

私自身も、人との出会いによって人生が大きく好転するチャンスをたくさんいただいてきました。もっとも大きな出会いは、第2章でも紹介した中学時代のA先生です。

親からも学校からも勉強がすべてだと教えられてきた私に、たくさんの人たちの前で演技をし、拍手されることのよろこびを教えてくれました。

勉強ができても他人は感動させられませんが、演技では感動させることができる。価値観を大きく変えることができました。

また、飲食店でアルバイトをしていた大学1年生のころに出会った店長からも、多くのことを学ばせていただきました。

基本的な礼儀作法、接客の姿勢などにものすごく厳しい女性店長で、「一事が万事」とよく注意をされましたが、他人によろこんでもらうとはどういうことか、そこでしっかり意識をすることができたのです。

その後ネットワークビジネスに手を出したときにも、そのビジネス手法の是非はともかくとして、組織全体が「ｆｏｒ ｙｏｕ」の精神で動いていたことが、私の価値観に大きく影響を与えてくれました。

ただ人脈をつくって商品を売っていけばいいと考えていた私はまったく成果を出せず失敗しましたが、「ｆｏｒ ｙｏｕ」の経営理念を理解してみると、どんな事業も成功につながるのではないかと思えたのです。

普通の企業では、会社がもうかれば社長がいちばんもうかりますが、その会社ではがんばった人がいちばん稼げる仕組みになっていました。

そして、本当に人のために動いていた人たちが稼げていたのです。

結局、ビジネスは人と人とで成り立つものです。

私はこれまでのさまざまな出会いから、人を感動させることや人の信頼を得ることが、ビジネスを成功させる唯一の方法だということを学びました。

塾でも、いくら生徒たちの進学実績を示してアピールしても、それで人が感動して集まるわけではありません。

私は、人を学歴や偏差値だけで判断するような価値観で働くことはできません。

ですから、人の心を動かし、信頼されるために何をすればいいかを常に考えて経営しています。だから、毎年口コミだけで生徒たちが集まるのです。

41 恋愛も大切な機会、タブー視しないこと！

人との出会いというテーマで言うと、多様な生き方をする大人たちを見せるだけでなく、子どもたちにとっては恋愛をすることやモテようと意識することも、人間として成長する大きなきっかけとなります。

モテようとすることは、人から好感を持たれるためには何をしたらいいか、どんな自分になりたいかを考えることです。

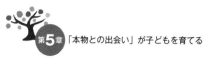

社会を生きていくうえで、見た目に気を遣い、コミュニケーション力を磨き、愛される人間になろうと自分を磨き続けていくことはとても重要です。

モテを意識できない人間は、恋愛だけでなく人生のさまざまな場面で人を惹きつけることができません。

親の中には、わが子が異性に興味を持つことや、恋愛をすることをタブー視する人も少なからずいます。

もちろん、安易に妊娠したりさせたりするような可能性があることは徹底的に止めるべきですが、恋愛に興味を持つこと自体を止めてしまうと、社会で生きていく力を身につけるチャンスを奪うことになってしまいます。

顔はいわゆる美男・美女なのにモテない人も世の中にはいますが、そういう人は子どものころからコミュニケーションを身につける機会が制限されていたり、自己肯定感が低かったりする傾向にあります。人に好かれるための努力をしてこられなかったため、コミュニケーション能力にも自分自身にも自信が持てなくなっているのです。

親は、恋愛を制限しないこと。また、Tシャツの下のインナーシャツが丸見えになっていたり、寝ぐせのついた髪型だったり、流行から二周も三周も遅れたようなモテない格好をさせないこと。

恋愛をタブー視せずに、成長の機会を与えてあげてください。

そして、できればモテている大人とはどういうものか、見せてあげてください。

42 人との出会いで得られる5つの力

私自身の経験や、私の塾の生徒たちの様子を見てきてわかったのは、人との出会いがもたらす効果は大きく5つあるということです。本章の最後に、その5つをまとめておきたいと思います。

①視野が広がる

たくさんの人を通じて社会を知ることで、今まで悩んでいたことも小さく見えてきます。自分だけの狭い世界にこもって解決策が見いだせずにいたり、落ち込んで行動に移せなかったりしたことが、ちっぽけなことに見えてくるのです。大きな壁を乗り越えた人たちの話を聞けば、自分の壁が案外小さいものだったと気づけます。

②自分の意見を話せるようになる

多様な価値観があってよいのだと気づけないうちは、自分の意見を言うことで他人から批判されたり、評価を得られなかったりすることに不安を感じてしまいます。学校では「みんな一律に行動する」ことが重視されますから、はみ出すことが怖くなるのは当然です。でも、人と違ったことをやりながら成功した人たちに出会うことで、自分も堂々と夢や目標を話せるようになっていきます。まわりを説得するためにはどうしたらいいのか考えながら、自分の意見を話せるようになります。

私の塾の生徒たちは、だいたいプレゼン能力を大きく伸ばして卒業していきます。塾では出会いの機会をつくるだけでなく、出会ったことで何を感じたか、あるいは本を読んで何を考えたかをアウトプットしてもらうことを重視しているので、卒業するころには同世代の子たちより格段にプレゼン能力が高い状態になっているのです。

③行動力が高まる

塾の講演会のゲストを招くのも、実はひと苦労です。「本物」の人たちは常に忙しく、スケジュールを押さえるのが大変なのです。でも、アプローチしなければ何も始まりません。

物事を変えるにはまず行動をすること、これを示せる大人たちとの出会いが、子どもたちの行動力を高めていきます。

常に言われたことだけをやっている大人たちに囲まれ、他人が決めたスケジュールで動かなければならない学校の中で生活していては、行動して物事を変えるということを学ぶことは困難です。

④感謝することを覚える

多くの人とかかわっていくことや、物事を大きく変えた人たちを知ることで、いかに人が人によって支えられているかを学ぶことができます。

一人だけでは物事を動かすことはできないと知ると、感謝の気持ちが生まれます。

感謝の気持ちが持てない大人には、人がついてきません。

まわりの人がやってくれて当たり前と思っている人を、誰も支えようとはしません。

親や先生など身近な人、子どもたちにとって存在するのが当たり前の人たちだけと接していると、子どもたちは「やってもらって当たり前」になってしまいます。

でも、人がいかに周囲の人たちによって生かされているかを知ることで、感謝の感情を覚えることができれば、どんな仕事をしても人はついてくるでしょう。

⑤居心地の悪いところでも社交できる

親や先生など、いることが当たり前の人ではなく、まったく知らない世界にいる大人たちと出会うことで、社交力を大きく伸ばすことができます。

社交力は社会に出たときに当然必要なスキルです。

自分の居心地のよいところだけにとどまっていては、世界が広がらず、身につくものが少なく、何も変えることができません。

しかし、子どものうちから「やりづらいな」「どう接したらいいんだろう」という人たちと接することで、社交性はしっかり身についていきます。

ですから、できるだけ親や先生とはまったく違う、突き抜けた生き方をしている大人たちと出会ってもらうことが大切なのです。

第6章

大人が変われば、子どもも変わる！

これまで説明してきたとおり、子どもは親や先生など、近くにいる大人の価値観、考え方、あるいは生活する姿勢などから大きな影響を受けて育っていきます。

もし、子どもが勉強をしなくて困っている、子どもがなかなか目標を持てないといった悩みがあるのであれば、それは今近くにいる大人たちの影響によって、そうなっているにすぎません。

であれば、子どもを変えたいと思うのなら近くにいる大人たちが変わることが必要だということになります。

私も、自分の言動や生きざまが子どもたちにどのような影響を与えるかを日々考えて動くようにしています。

ただ、子どものもっとも近くにいて、もっとも強い影響を与えているのは親です。

ですから、みなさんが変わっていくことも、子どもを成長させるためには欠かせないのです。

本章では、身近な大人がどう変わっていくべきか、私の考えをお伝えしていきます。

43 自分自身が現代社会を正しくとらえ、挑戦し続ける

大人はまず、今の時代を正しくとらえ直し、自分自身がその社会でいかに生きるかを考え、行動することが必要です。

何度も述べてきたとおり、すでに今の社会に「安定した仕事」というものはほとんどなくなっています。月収30〜35万円を数年間もらい続けることができる仕事はあるかもしれませんが、それがずっと続いたり、徐々に昇給しながら定年まで勤められたりする仕事は、間もなく消滅するでしょう。

めまぐるしく変化し続ける現代社会で、キーワードとなる言葉は「安定」ではなく「挑戦」です。ここまで変化の大きい時代では、もはや安定など神話の世界の話にすぎません。

常に変化を読み、対応し、新しいことに挑戦し続けることが生き抜くために必要な姿勢なのです。

そこへ、大人が子どもたちに「安定がもっとも重要だ」と教えてしまうと、子どもたちは将来、仕事について月収をいったん手にしたら、その待遇を維持するためだけに生きていかなくてはなりません。

ひとつの職業だけで収入を得るという考え方も、もうだんだん古いものになってきています。政府が進めている働き方改革でも副業・兼業が推進されていますし、将来的には公務員でも副業をするようになるかもしれません。

これからは、どこかひとつの会社に頼るのではなく、お金をどのように稼ぐかを一人ひとりが真剣に考えていかなければなりません。

お金を稼ぐということは、自分やまわりの大切な人を守るということです。

そして、誰かに必要とされる仕事をすることが、お金を稼ぐことにつながります。

こういった社会の動きを見すえて、自分自身が行動する姿を見せ、子どもたちに将来を考えさせていくのが大人の役割です。

今の時代にマッチした考え方を自分自身が持っていなければ、子どもに何かを伝えることはできません。

子どもたちにとって最大の害は、大人の「言っていることとやっていることが違う」ことです。「安定した職業につくことが重要」と言われても、大企業が倒産したり、大量のリストラを進めていたりするのを見れば、「うそばっかり」と大人を信用しなくなります。

ケンカやイジメはダメだと言いながらも大人が陰口を言っていたり、ネットで他人を誹謗中傷したりしているのを見れば、「これくらいならいいんだ」と思わせてしまいます。

大人だろうが子どもだろうが、誰でも矛盾した言動をしてしまうことはあります。

それでも「今は大人の言うことを聞いて、偏差値を上げることを考えなさい」「あなたのためを思って言っているのよ」といった言葉でごまかして、子どもをあやまった方向に導いたり、不信感を抱かせたりするのはやめなければなりません。

時代錯誤な社会の捉え方をして、自分自身は成長をあきらめて何もせず、子どもにだけ「あしろこうしろ」と指示をする。

そんな大人が子どもの前に立つことは、子どもを不幸にすることです。

まずは、大人が世の中を正しくとらえ、その中でヘタでも不器用でも、挑戦し続ける姿勢を示すことが大切です。

44 目的意識を持って働く姿を見せよう

普段みなさんは、働いている親の姿をどのように見せているでしょうか。

子どもにとって、社会で働く大人の像としてもっともモデルにしやすいのが、親です。

親がどのように働いているかは、子どもの職業観にも影響していきます。

どんな目的意識を持って日々の仕事を行っているのか。

5年後、10年後、仕事でどのように成長していきたいか。自分の仕事でどんな人によろこんでもらって、社会をどのように変えていきたいか。

そういったことを明確にして働いている親の姿を見れば、子どもも目的意識を持って行動することや、それをかなえるためにどのように努力をすればいいかといった感覚を自然に学んでいきます。

とはいえ、家は職場ではなくプライベートな場ですから、ずっと気張っているわけにはいきません。時には仕事で疲れたり、辛いことが起こったり、悩んだりすることもあるでしょう。

そういうときには、**落ち込んでいる姿を子どもに見せてもかまいません。**

でも、家庭内で**愚痴を言うことだけはやめましょう。**

ネガティブな感情になることがあっても、他人や社会のせいにして愚痴を言うだけでは、子どもには何も得るものはありません。

そこから再び前向きに挑戦する姿を見せることが重要なのです。親が目的意識を持って前向きに働き、自分自身も成長し、その結果お金を稼いでいるということを示すのが、親の役割なのです。

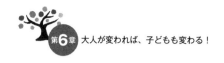

また、たとえば父親の帰りが遅いとき、

「どうせまたお父さんは飲みに行って遊んでるんでしょ」

などと言うこともよくありません。

仕事をしていれば、つきあいで飲みに行くこともありますが、それを本人が楽しんでい

ると は限りません。

遊んでいるつもりではなく、何か目的があって飲みに行っていることもあります。飲みに行く目的は何か、どういう状況で飲みに行くことになったのかもわからないまま、「遊んでばかりで家族をおろそかにしている」と断罪してしまうと、子どもは父親の働き方をリスペクトできなくなっていきます。父親が母親の仕事を「たいした仕事ではない」などと見下すのも同様です。

夫婦ゲンカをするのはいいのですが、互いの働き方や人格をおとしめるような言葉を聞かせてしまうと、**子どもも他人の尊厳を大切にすることができなくなってしまいます。**

私も、子どものころは母親から、父親の帰りが遅いことをよく愚痴られていました。

我が家は母親が専業主婦で、食べ盛りの男4人きょうだいがいますから、ときにはお金が足りなくなってしまうことがありました。

1週間、おかずがなく白米だけ食べていたことも……。

そんな状態ですから、父親はお金を稼ぐためにこっそりと、夜間に家庭教師の副業をして稼いでいたのです。母親に、帰りが遅くなることに文句を言われても、言い返すこともなく働いてくれていました。

でも、私はそれを知らず、母親の愚痴を聞かされていたので、何となく父親を冷たい目で見てしまっていました。

本当のことを知った今ではもちろん感謝していますし、父親にとっては「家族のために働く」ということが生き甲斐だったんだろうと感じます。

でもあのとき、「お父さんはがんばっているんだよ」と母親が言ってくれていたら、父親をネガティブに見なくてすんだのにと思うのです。

世の中には仕事に対して強いこだわりがあるわけではない人や、夢だった仕事にはつけていない人もたくさんいます。

子どもを育てるために、夜の仕事をしているお母さんたちもいます。

でも、そういう働き方をしている人を、他人が見下していいわけはありません。働き方にはさまざまな価値観があり、それぞれに尊重されるべきです。

そのような姿勢を、子どもが失うような言葉には、気をつけなければいけないと思います。

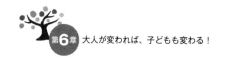

45 今の自分が完成形だと思わないこと

先生も親も、子どもに接する大人は「今の自分が完成形だ」と思い込みがちです。

「先生は、学生時代こんなふうに勉強して今の仕事についたんだ」

「お父さんは、こういう仕事がしたいと思って今の会社に入った」

と語ることはできても、**「では、次に何をしたいの？」と聞かれると答えられない人**は多いと思います。

でも、大人でも変われるということを、私は子どもたちに知ってもらいたいと思っています。

高校や大学を出てどこかに就職したら人生はゴールだと考えてほしくはありません。

私は、中学生、高校生のときには大人たちから「おまえはダメなヤツだ」「将来ろくな大人にならないだろう」と言われてきました。勉強を放棄して成績は悪く、好きなことばかりやってきたからです。

そのときには、私が東京に出てきて経営者をやることになるとは、誰も思わなかったでしょう。

しかし、私はたくさんの人たちと出会って成長して、**大人たちがあきれるほど出来の悪かった少年から、経営者になりました。**

そして、経営者になってからも常に**成長すること**を意識しています。

10年前、5年前よりも子どもたちへの指導力を高め、経営についても多くのことを学んできました。大人になってからも人は変われるし、成長することができるということを、私は身をもって子どもたちに示したいと考えています。

そして、子どもにもっとも身近な親にも、成長し続ける姿を見せてほしいと思います。

今すぐにはムリでも、人の考え方から学び、マネをしながら成長することもできます。

「自分はもう満足しているから」「もう大人だから」「子どもの前では余裕ある大人でいたいから」というプライドは不要です。

そういうプライドが、人の成長をさまたげるのです。

あるいは、肩書きが成長をさまたげることもあります。私の場合は2年前まで、代表取締役という肩書きを持っていました。

しかし、この肩書きを持っていると自分がふんぞり返ってしまい、自分一人で勝負をすることができなくなってしまう気がして、今は代表取締役をやめてオーナーになりました。

同じように、みなさんも自分の「親」という肩書きにジャマをされて、自分が一人の挑戦し続ける人間だということを忘れてしまうことがあるかもしれません。

でも、どうかその肩書きに支配されず、**一人の人間として挑戦し続けてください。**それが子どもに成長のきっかけをたくさん与えてくれる「親」なのです。

46 子どもを一人の人間として認めよう

自ら目的意識を持って学び、成績をどんどん上げていく子どもを見ていると、親がその子を一人の人間として認めているケースがほとんどです。

私の生徒で、東京大学に進学した子がいます。

その生徒はＡＤＨＤ（注意欠陥・多動性障害）と診断されており、確かに塾の中で他の生徒に迷惑をかけることや、なかなか集中できないこともありました。

最初、私は中学受験するのは難しいのではないかと思っていたのですが、親は「うちの子はできます」の一点張り。子どもの特性や受験へのハードルも理解したうえで「私はこの子が持っている力を信じているので」と言うのです。

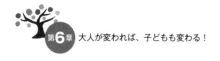

特に強制的に勉強させるわけでもなく、偏差値至上主義というわけでもなく、「この子は勉強に向いている」と、その親は信じていたのです。

結果、その生徒は見事に勉強で才能を開花させて、東京大学に入っていきました。

子どもを一人の人間として尊重することは、子どもの自己肯定感を高めることにもつながります。親やまわりの人から自分は一人の人間として認められている、意思を尊重されている、力を持っていると信じてくれている。

そういう感覚を得ることで、子どもの自己肯定感は高まり、自分の力を信じて「必ずできる」「自分はやりとげられる」とさまざまな目標を乗り越えることができるようになっていきます。

私がこれまで見てきた生徒の中で、自己肯定感が高い子というのは、三者面談のときに親にほめられている子が多いです。

「この子、全然ダメなんです」ではなく、「家でもこんなことをがんばったんです」など、他者に対して自分の目の前でプラスの面を伝えてもらえると、子どもたちの目はキラキラと輝きます。

ただ最近では、子どもの自己肯定感を高めるために「失敗して落ち込ませてはいけない」

と考えてしまう人もいます。

失敗させないために、難しそうなことには挑戦させない。

子どもが優位に立てないような競争はさせない。

これは、逆効果です。

何にも挑戦せず、人と比べてできないことがあるとわからずにいては、子どもは成長する機会を失っていきます。

何もしなくても常に成功者で、いちばんでいられるという環境では、子どもは育ちません。

自己肯定感を身につけてもらうために親は、子どもが困難なことを乗り越える力を持っているはずだと信じ、挑戦させることが重要なのです。

子どもは自分の力を信じ、認めてくれている人がいるからこそ、挑戦して失敗したときに、それを乗り越えようとする力もわいてきます。

そして乗り越えられたときに、「努力すればできる」と自分の力を信じることができるようになっていくのです。

47 キラキラした親の、裏側から子どもは学ぶ

夫婦がそれぞれに目的を持って働き、互いに認め合っているような家庭の子どもも、非常に前向きに伸びやかに成長していきます。

私が見た中ではたとえば、共働き夫婦で母親が途中で起業をした家庭。母親が起業した当時は、父親がそれにあまり納得できなかったようで、夫婦ゲンカもあったそうです。父親がFacebookに母親のがんばりに対して「ジェラシーを感じる」と正直な気持ちを吐露していたこともありました。

でも、最終的には夫婦でしっかり話し合って理解し合い、お互いをリスペクトするようになっていました。

その子どもが私の生徒だったのですが、やはり将来にワクワク希望をふくらませ、非常に前向きに勉強に向かっていました。

ただ、もちろん家族ですから、起業した母親も常にキラキラした姿で家にいるわけではなかったと思います。

悩んだりつまずいたりすることもあったでしょう。

父親が母親の生き方を受け入れるまでには、おそらくケンカもよくあったはずです。

子どもはきっと、そういう状態を打開していく親の姿を見てきたため、困難の先にはワクワクするような未来が待っていることを自然に知り、困難を乗り越えるための考え方や姿勢を学べているのではないかと思います。

社会の中で目的意識を持って生きていると、時には人とぶつかり、わかり合えなくなってしまう場面も出てきます。

そんなときには互いを尊重し合い、真剣に思いを伝えながら理解し合っていくというプロセスが必要となります。

「わかり合えないからもうかかわらない」と他人とのコミュニケーションをすぐにやめてしまうと、大きな物事を達成することはできません。

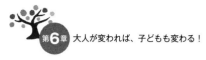

この生徒は、両親が互いにわかり合おうとするプロセスを近くで見てきました。

これは確実に、彼のコミュニケーション能力を伸ばす力になっているはずです。

テレビには、キラキラした有名人がいつもたくさん映っています。

でも見ているほうは、その人たちがどのような経緯をたどって今画面の向こうにいるのか、ほとんど知ることができません。

でも、家族なら、常に裏舞台を見ることができます。

キラキラした親が、なぜそうなれたのかを知ることができます。

キラキラした大人の表面だけではなく裏側を見せて、何度も直面する困難にどのように立ち向かってきたのか、どのような意識で乗り越えたのかをもっとも具体的に伝えられるのが、親なのです。

48 親も自分の心のあり方を見つめ直そう

ただ勉強ができるだけでは、社会に出たときにうまく生きていくことはできません。

社会に出て、人とかかわりながら生きていくうえでは、教科書に載っている問題がわかるだけでは解決できないさまざまな問題が起こります。

中でも特に難しく、勉強だけでは絶対に学べないのが、他人の心を考えるということです。

しかし、人の心がわからなければ人に求められるものやサービスを生み出すことはできませんし、誰かと一緒に仕事をすることや、誰かにものを買ってもらうこともできません。

芝居でも、いい芝居ができたと出演者だけでよろこんでいてもそれは自己満足です。

お客さんが拍手をしたくなるような感動を覚え、誰かに「おもしろかったよ」と伝える

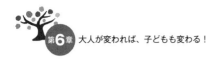

ようなものにできなければ、それを仕事にすることはできません。

心のあり方も、子どもは親から大きな影響を受けて育っています。

私が見てきた中では、他人を見下すような言動が多い親だと、子どもにもそういう言動が多々見られます。

偏差値が70以上あり、有名私立中学に受かるような子どもでも、あいさつすらできず、「自分以外の生徒はみんなバカだ」という考えが言動に出ているような子もいます。

そのままでは社会に出たとき、すぐに挫折してしまうでしょう。

ちなみにこういう場合、私は親と徹底的に面談をして、改善される気配がないようであれば退塾をお願いすることもあります。

いくら成績がよく、一般的には「塾の実績をつくってくれる優秀な生徒」でも、まわりの生徒に悪影響を与えるような言動を続けるならば、塾にとって大きなマイナスだからです。

他人の心を平気で傷つけるような人間は、組織の中にいられなくなることがあると知ってほしいと思っています。

他人を見下す大人たちのほとんどは、世の中の人間を学歴と肩書きと収入でランク付けしています。

「あの人は○○大学出身だからたいしたことないよね」

「○○くんのお父さんって、高卒で非正規雇用なんだって」

そんな会話が家の中で聞こえる環境にいれば、当然子どもも同じように人間を見るようになるでしょう。

しかも、子どもが「それっておかしいんじゃない？」と思ったとしても、そういう親はたいてい「とにかく勉強しなさい、いい高校、いい大学に行きなさい」と子どもの心を無視して勉強だけに縛りつけます。

そして、子どもは生きていくうえで大切な感受性というものを失っていくのです。

子どもの心を育てるのは、親の心です。ですから、ぜひこんなことを自問自答してみてください。

・他人を見下したり、思いやりのない発言をしていないか
・家で他人の陰口を言っていないか
・常に誰かを批判してやろうという精神を持っていないか

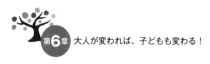

・家族をリスペクトしているか
・他人に感謝できているか
・素直に「ごめんなさい」が言えているか

このように、他人ではなく自分自身に矢印を向けてみることを、おすすめします。

49 親こそスマホやSNSの使い方を見直そう

最近の親が持つ悩みとして、子どもにスマホやSNSをどう使わせるかという話題もよく出てきます。

スマホを持たせたらゲーム漬けになってしまった。

深夜までYouTubeに夢中になってしまった。

SNSイジメが心配……。

全国の多くの親がそんな悩みを抱えています。

私は、スマホやSNS、あるいはパソコンを使うことは、基本的には子どもにとって悪いことではないと思っています。

今の社会では情報をいかに得るかが重要ですし、ほとんどの仕事でパソコンを使うことは必須となっていますから、情報の取捨選択やＩＴ技術を早くから身につけるメリットは大きいでしょう。

ただ、問題は使い方です。

子どものうちはスマホやパソコンを楽しいことに使い、夢中になってしまいます。

その中で、道徳やモラルが身についていなければ、他人や自分を傷つけるような使い方をしてしまうことがあります。

ＳＮＳでよからぬ大人と出会い、犯罪に巻き込まれるケースもあります。見ず知らずの人を簡単に傷つけたり、逆に自分がたたかれて傷つくこともあります。

また、ネットでのコミュニケーションにどっぷりはまってしまえば、まだ狭い世界観しか持てない子どもにとってそこがとても大きな影響力を与える場になってしまいます。ネットの中でしか通用しない「常識」を世間一般の「常識」だと思い込んでしまったりするのです。

ですからもしスマホやパソコンを子どもに使わせるのであれば、親はきちんと道徳やモラルを教え、「ネットの世界がすべてではない」ことを伝えなければなりません。

そのためには、まず自分自身のスマホやパソコンの使い方を見直すことが大切です。

親がネット上で人の陰口をたたいたり、誹謗中傷したりしていないか。

ネットの情報をうのみにしてしまっていないか。スマホ中毒になって、食事や家族と話しているときにもＬＩＮＥやゲームをしていないか。布団の中にまでスマホを持ち込んでいないか。

すべて、子どもはすぐにマネをします。

いくらダメだと言っても、親がやっていることを子どもが自制しようと思えるわけがありません。「大人だからいいの！」という言い分は通用しません。

子どもに正しい使い方をしてほしければ、家族全員で「こういう使い方はダメ」と共有することが必要なのです。

学校ではなかなか、正しいネットの使い方、ネットの情報との向き合い方を教えてはくれません。先生たちがＳＮＳの使い方をわかっていなかったり、ネットの情報を正しく取捨選択できなかったりすることもあります。

ですからこればかりは、今のところ親が教えるしかありません。

もちろん大人だって完璧に使いこなせない人のほうが多いでしょう。

ついスマホに夢中になってしまうこともあります。そんなときには、

「ごめんね、スマホに夢中になっちゃった。おもしろくてつい時間を忘れちゃうけど、気をつけないとね」

というように、自分の失敗をきちんと子どもに話せればいいのです。

子どもに見られたら困るような使い方をしないことを心がけながら、「こういう使い方はよくないよね」と子どもと話せるような機会をつくり、一緒に使い方を考えていくようにすれば、子どもにも安心して使わせることができるはずです。

50 知らないことを学び、できないことに挑戦しよう

何度も述べてきましたが、学習においてもその他のことにおいても、子どもの挑戦する気持ちを育てるのは、親の姿勢にかかってきます。

学力の高い子どもは、さまざまなことに疑問を抱いたり、興味を持って調べたりします。親も探求心が強く、家の中にさまざまな本が置いてあったり、テレビを見ながらも「これってこういうことなのかな？」と掘り下げるような会話が頻繁に行われたりします。

子どもはそういう身近な大人のマネをして、自分もさまざまなことに疑問や興味を持つようになっていくのです。

ですから、**親が学び続ける姿勢**を見せることが、子どもの学力を上げるもっとも有効な

方法なのです。学力だけでなく、社会に出て働くようになってからも、学び続ける姿勢が身についている人間は成功していくことができます。

私自身も、ここまで偉そうに書いてきましたが、まだまだ至らないところはたくさんありますし、学びたいことも多くあります。

長年、塾では中学生までの英語を教えてきましたが、学内塾を始めてからは高校英語も担当するようになり、学ばなければいけないことはたくさんあります。生徒たちには、

「学校の先生よりもおもしろい授業をするから、一緒にがんばろう」

と話し、一緒に挑戦する気持ちで取り組んでいます。

私のこれまでの人生は、刺激を与えてくれた出会いや、支えてくれた人たちのおかげで成り立っています。

今まではただのラッキーだったのかもしれないとも思います。

でも、これまでは大手の塾しか参入できなかった学内塾に、自分の会社を採用してもらえたことをきっかけに、今度は自分たちが学校を改革していくような気持ちで挑戦していきたいと考えています。学校教育と塾教育の融合だけでなく、いつかは「塾なんかいらない」教育の世界ができればいいなとも夢見ています。

そのために、自分自身が真剣に学びながら行動し、成長していかなくてはなりません。本気で物事に挑戦する姿を見せることもまた、子どもたちにとって必要な教育だと思うのです。

みなさんも子どもたちを豊かに育てていくために、いろいろなことに挑戦してみてください。興味のある資格に挑戦してみたり、英会話にチャレンジしてみたりするのもいいですが、もっと日常的なことから始めてもよいと思います。

料理を普段あまりしていないのなら「1週間、夕食をつくってみる」でもいいと思います。本をあまり読んでいないのなら、書店に行って興味のある本を何冊か買って休みの日に読んでみるのでもいいでしょう。

こうした日々の積み重ねが、そばで見ている子どもたちにじわじわとプラスの影響を与えていくはずです。

私も、まだまだ探求心と挑戦する姿勢を持ち続けていきます。ぜひみなさんも一緒に、小さなことでも今できることから行動してみませんか？

おわりに

子どもが勉強しなくて困っている、勉強をやらせているのに成績が一向に上がらない、このままでは将来が不安……。本書ではそんな親御さんに向けて、もっとも効果的な解決策をお伝えしてきました。

塾の経営者の本なのに、「偏差値をこうやって上げろ！」「子どもにはこれをやらせれば成績が上がる！」といった文言が出てこないことに、驚かれた方もいらっしゃるかもしれません。

学内塾まで運営しながら、今の学校教育のデメリットを指摘したり、教育業界全体に蔓延する「偏差値教育」を否定したりと、変わった経営者だと思った方もいるでしょう。

でも、最後までお読みくださったみなさまには、伝わったのではないでしょうか。

子どもをつくるのは、まわりの大人たちであるということ。

子どもを変えたければ、まず変わるべきはまわりにいる大人たちであるということ。

なぜ子どもが勉強しないかといえば、勉強する目的がなかったり、目的を達成するまでのプロセスを大人たちに評価してもらえなかったり、学びながらキラキラと毎日を送る大人がまわりにいなかったりするからです。このことを無視して、子どもたちに「勉強しろ」と苦痛なことばかり押しつけても、叱られないようにしぶしぶ机に向かうことはあっても、本気でやるわけがありません。

勉強をするかしないかだけではありません。多くの親御さんが気にしている子どもの「学力」「偏差値」についても、根本的な環境設定がどうなっているかが強く影響を及ぼしています。

毎年数百人の子どもたちを見てきた中で、学力が高い子、偏差値をぐんぐん上げていく子というのは、確実に環境に影響を受けています。問題を解くための素晴らしいテクニックを教えてもらったから伸びるのではないのです。

子どもがどのような環境に置かれているかは、塾での保護者面談を繰り返すことでよくわかってきます。塾には自ら進んで学んで成績を伸ばしていく子もいれば、伸び悩んでいる子もいます。そして、家庭の中で親御さんがどのように接しているか、そして親御さんがご自身の人生をどのように生きていらっしゃるかを見ると、やはり一定の法則にのっとっていることがわかります。

自分の人生をよりよくするために学び、物事に懸命に打ち込んでいる親、さまざまなことに興味を持ち、挑戦している親。この場合は、子どもも同じような姿勢で勉強に取り組むことができます。しかし、自分のことをそっちのけにして子どもを自分の思いどおりに歩ませようとしていたり、子どもをコントロールすることに必死になっていたりする親の場合、子どもの目は輝きを失っていることがほとんどです。

＊＊

ただ、子どもを育てるのは親御さんだけではありません。社会の中で、子どもとかかわる大人たちはみな、子どもを育てる役割を担っています。ですから、子どもにとってより身近な学校の先生や塾の先生が、子どもにどのような姿を見せているかもまた、とても重要なことです。

本書を読み進める中で、なんだか責められているような気持ちになってしまった方がもしいらっしゃったら、申し訳ありません。私は、「あなたの子がそうなっているのは、〝あなたが悪い〟からです！」と言いたいのではありません。子どものことを大切に考えて、何をしたらいいか悩みながらここまでがんばって来られたみなさんには、少し方向性を変えて、肩の力を抜いていただきたいと思っているのです。

子どもを育てていく責任を負っているのはみなさんだけでなく、教師として子どもとかかわる私たちもまた同じです。地域の人々や、旅先で出会うような大人たちもまた、子どもたちを育てます。ですから、自分だけで子どもの教育を抱え込まずに、もう少しラクをしてみてください。そして、その分、自分のために時間を使ってみてください。

塾に通う中ですてきな大人に出会い、その姿に刺激を受けて、突然勉強に励み出して成績を伸ばす子もたくさんいます。親御さんがたくさんの大人の姿を見せたり、学校や塾の外でたくさんの体験をさせたりすることで、やりたいことが見つかって輝き出す子もいます。

子どもの学力や偏差値といったものは、社会の中で大人たちがさまざまな「きっかけ」

を与えることによって、実は簡単に伸ばすことができるものです。でも、その「きっかけ」を与えずに「問題を解くためのテクニックをもっと身につけさせよう」「効率のよい勉強方法を教えよう」と、大人が小手先のことばかりに目がいってしまうと、伸びるものも伸びません。

なんのために学力を上げてほしいのか。

この社会の中で、どのような人間として生きていってほしいのか。

そういう根本的なことをおざなりにして、子どもに点数アップ、偏差値アップだけを強いるやり方は、子どもにとって不幸でしかないと私は感じています。

どうか、そうした数値だけで評価する世界に子どもを押し込めず、広い世界を見せてあげてください。

＊＊

本書は、世界中で新型コロナウイルスが猛威をふるう中で執筆しました。

身近な人を亡くしてしまった人、仕事がなくなってしまった人、収入が減ってしまった人、活躍する場を失った人が大勢出てきてしまった未曾有の事態。みなが不安を抱えながら、さまざまな立場で物事を考えていく中で、大切な人たちにやさしくできなくなってしまった人、他人と接するのが怖くなってしまった人もいるでしょう。

今までは安泰と言われていた職業についていても、職を失ってしまったり、状況の過酷さに心が折れてしまったりした人も、少なくありません。大きな収入を得ていた経営者でも、一気にどん底に落とされた人がたくさんいます。

そして、このような大変な事態というのは、人生の中で何度も経験することになるのが現実です。

こうした状況を、子どもたちにはどのように乗り越えていってほしいでしょうか。

ピンチをチャンスととらえて、そのとき社会に求められているものを見つけて強く生きてほしい。

困った状況に置かれたとしても、やりたいことをあきらめずに、前を向いて行動し続けてほしい。

多くの仲間たちと支え合いながら、ピンチを乗り越えてほしい。

自分の経験や知識を使って、困っている人を助けられる人になってほしい。

自分さえよければではなく、弱い立場に置かれた人を思いやることのできる人でいてほしい。

親御さんたちも今、さまざまなことを考えていらっしゃると思います。そして本来ならば、親御さんはこういう願いのために、子どもに学んでほしいと思っているはずです。

何が何でもいい肩書きを得て、権力をふるう側にいてほしいわけではなく、やりたいことをあきらめて無難な道を歩き続けてほしいわけではなく、自分さえいい生活ができればいいと考えてほしいわけではない……。そうですよね？

人間は、危機から多くのことを学ぶことができます。

危機の中で、自分は本当はどうしたいのかに気づかされることもあります。

私もこの事態の中で、「目の前にいるたくさんの子どもたちに、どうなってほしいのか」をあらためて考えさせられました。

そして、やはり考えて行き着いた先は、偏差値や学歴といった目に見えるものだけに縛られて生きるのではなく、何が起こるかわからないこの社会で「多くの人に支えられながら、自分も人の役に立ち、求められる人間になってほしい」という思いでした。そうでなければ、このような危機を乗り越えることもできないはずなのです。

＊＊

子どもに本当の学びを知ってもらい、目的意識を持って多くのことに挑戦してもらい、将来豊かな人生を送ってもらうために……。大切なことは、まわりの大人がどのような姿を見せるかです。

私自身も、子どもたちに常に見られていることを意識しながら学び、成長し続けていきたいと考えています。みなさんもぜひ一緒に、子どもたちのよりよい未来のために、常に自分自身に矢印を向けながら進んでいきましょう。

最後までお読みいただき、ありがとうございました。

2021年5月

髙田康太郎

髙田 康太郎（たかた こうたろう）

株式会社学びの森オーナー兼代表取締役 CEO

1984 年石川県生まれ。私立関東学院大学 4 年次で中退。大学在学中から学習塾で講師のバイトをし、中退後も 2 年間継続。しかし上司との衝突により退職。その後バイトを転々とし、日雇いなどを経てニートになる。2 年間収入ゼロでほぼホームレス状態になり、借金の取り立てが厳しくなったことで、ほぼ毎日徒歩で移動する生活に。
そんな生活が続いていたとき友人から『塾の経営を手伝ってほしいという人がいる』という紹介があり、人生が一変する。東京の大田区で学習塾の経営者となりその後学内塾を運営する会社も設立。学歴がない中、すべてをさらけだし『強くなれ！そして笑え !! 』の理念のもと現在も奮闘中。

株式会社学びの森
http://www.manabi-mori.net/

勉強《べんきょう》ぎらいな子《こ》に奇跡《きせき》をおこす方法《ほうほう》

2021 年 7 月 28 日　初版第 1 刷

著　者　髙田《たかた》 康太郎《こうたろう》
発行者　松島一樹
発行所　現代書林
〒 162-0053　東京都新宿区原町 3-61　桂ビル
TEL ／代表　03（3205）8384
振替 00140-7-42905
http://www.gendaishorin.co.jp/

ブックデザイン・本文 DTP・イラスト　石井香里
構成　大西桃子
編集　小田明美

定価はカバーに表示してあります。

印刷・製本　株式会社シナノパブリッシングプレス
乱丁・落丁本はお取り替え致します。

ISBN978-4-7745-1905-0 C0037